日本語漢大

일본어 한대

초급부터 한대

この 店は 初めてですか。

あそこに しまうまが います。

文房具売り場は 何階ですか。

バイトは 何時までですか。

2人で どこか 行きませんか。

ホンデで 遊びましょう。

ポップコーンは おいしかったです。

これは 有名な ブランドです。

スイスは 行きますが、ドイツは 行きません。

いっしょに 映画を 見に 行きませんか。

プレゼント、何が ほしいですか。

日本へ 行きましょう。

한양대학교 일본어교재편찬위원회 편

한양대학교 출판부

머리말

『일본어 한대』는 일본어를 배우기 시작하는 학습자를 위한 교재로, 기존의 교재 형식과는 달리 수업에서 들은 내용을 학습자가 정리하여 기입하도록 구성하였습니다. 히라가나와 가타카나를 쓰는 연습부터 문법에 대한 설명과 문제 풀이 등 선생님의 설명을 들으며 빈칸을 하나하나 채워가는 과정에서 일본어에 대한 이해와 응용력이 향상되어 보다 효율적으로 일본어를 익힐 수 있을 것입니다.

특히 본 교재에서는 QR코드를 도입하여 회화문의 mp3 파일을 담아 듣기 연습을 할 수 있도록 고안하였습니다. 원어민의 발음으로 자신이 공부하는 문형과 표현을 들어보는 것은 학습에 큰 도움이 되리라 생각합니다.

『일본어 한대』는 수업을 듣는 학습자가 흥미를 유지하며 쉽고 부담 없이 기초를 익히기를 바라는 마음으로 만들었습니다. '나만의 정리법'으로 기입하여 멋진 교재를 완성해 주시기를 바랍니다.

2017년 2월

한양대학교 일본어교재편찬위원회

이 책의 구성 및 특징

¶ 선생님과 함께 완성해 가는 노트형 교재입니다.

¶ QR 코드에 실린 회화문을 들을 수 있습니다.

¶ 연습문제 페이지를 절취한 후 제출하여 평가받을 수 있습니다.

4페이지로 구성된 주요 문형 및 표현

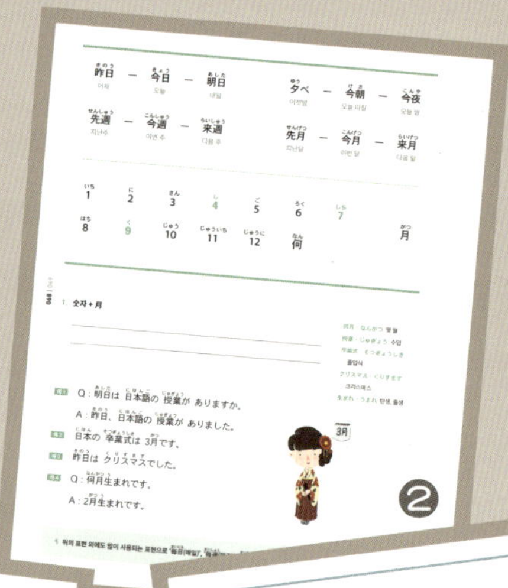

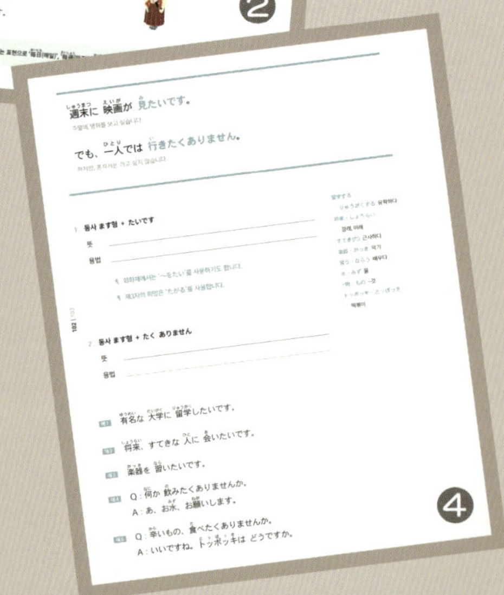

주요 문형 및 표현이 사용된 문장을 한국어 해석과 함께 확인할 수 있습니다.

처음 나오는 단어는 이곳에서 확인하세요.

주요 문형 및 표현에 대한 설명을 듣고 직접 기입해 보세요.

예문을 읽으며 사용법을 익혀 봅시다.

주요 문형 및 표현과 관련된 부가 설명이 제시되어 있습니다.

韓国(かんこく)の 人(ひと)じゃ ありません。

한국 사람이 아닙니다.

1. 조사 の

뜻 ____________________

용법 ____________________

大・いぬ 개
チワワ・ちわわ 치와와
日本語・にほんご 일본어
ソウル・そうる 서울
大学・だいがく 대학교

2. じゃ ありません

뜻 ____________________

용법 ____________________

예1 私(わたし)の 犬(いぬ)は チワワ(ちわわ)です。

예2 日本語(にほんご)の 先生(せんせい)は 韓国(かんこく)の 人(ひと)です。

예3 私(わたし)は 韓国(かんこく)の ソウル(そうる)の 漢陽大学(はにゃんだいがく)の 学生(がくせい)です。

예4 Q : 友(とも)だちは 中国(ちゅうごく)の 人(ひと)ですか。
A : いいえ、中国(ちゅうごく)の 人(ひと)じゃ ありません。 日本(にほん)の 人(ひと)です。

- 'じゃ ありませんでした'는 한국어의 '아니었습니다'에 해당합니다.
- 'じゃ'는 'では'와, 'ありません'은 'ないです'와 같은 뜻이므로 서로 바꾸어 사용할 수 있습니다.

028 | 029

1페이지로 구성된 회화문

- 주요 문형 및 표현을 사용하여 활용 빈도가 높은 회화문을 구성하였습니다.
- QR코드 리더를 이용해 원어민이 녹음한 회화 내용을 들을 수 있습니다.

前田：シンさん、この 店は 初めてですか。
마에다： 신 상, 이 가게는 처음이세요?

シン：はい、初めてです。
신： 네, 처음입니다.

前田：そうですか。
마에다： 그러세요?

店員：いらっしゃいませ。 どうぞ。
점원： 어서 오세요. 이쪽으로 오세요.

前田：どうも。
마에다： 고맙습니다.

店員：ご注文は。
점원： 주문은 (무엇으로 하시겠어요)?

前田：これ、お願いします。
마에다： 이거 부탁드려요(=이것으로 주세요).

シン：じゃ、私は あれを…
신： 그러면, 저는 저것으로 주세요.

店員：どうぞ。
점원： 여기 있습니다.

前田：あれ? これじゃ ありません。
마에다： 어? 이것이 아니에요.

↑ MP3로 들어보세요

일본어의 존칭인 'さん'은 한국어의 '씨'에 해당하지만, 본문에서는 모든 존칭을 '상'으로 통일하였습니다.

032 | 033

듣기 연습 및 발음 교정에
활용해 봅시다.

渡辺：誕生日の プレゼント、何が ほしいですか。
와타나베： 생일 선물, 뭘 갖고 싶어요?

ジョン：車が ほしいです。
정： 차를 갖고 싶어요.

渡辺：え!?
와타나베： 예!?

ジョン：冗談です。ドライブが したいです。
정： 농담이에요. 드라이브를 하고 싶어요.

渡辺：ああ、いいですね。分かりました。
와타나베： 아아, 좋네요. 알겠습니다.

どこに 行きたいですか。
어디에 가고 싶어요?

ジョン：そうですね。うーん。
정： 글쎄요. 음...

渡辺：じゃ、僕に 任せて ください。
와타나베： 그럼, 저에게 맡겨 주세요.

ジョン：じゃ、お願いします。
정： 그럼, 부탁할게요.

↑ MP3로 들어보세요

車・くるま 차, 자동차
冗談・じょうだん 농담
分かる・わかる 알다, 이해하다
僕・ぼく (남자의 자칭) 나, 저
任せる・まかせる 맡기다

112 | 113

2페이지로 구성된 연습문제와 응용문제

– 문제를 풀어보며 학습 내용을 잘 이해했는지 확인해 봅시다.

– 점선을 따라 절취한 후 선생님에게 제출하여 평가를 받아 봅시다.

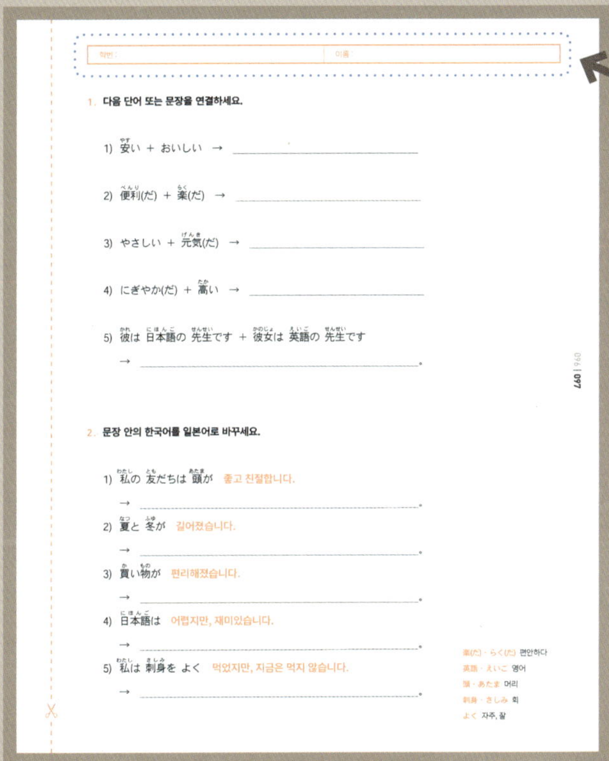
학번 : 이름 :

1. 다음 단어 또는 문장을 연결하세요.

1) 安い + おいしい →

2) 便利(だ) + 楽(だ) →

3) やさしい + 元気(だ) →

4) にぎやか(だ) + 高い →

5) 彼は 日本語の 先生です + 彼女は 英語の 先生です →

2. 문장 안의 한국어를 일본어로 바꾸세요.

1) 私の 友だちは 頭が 좋고 친절합니다. →

2) 夏と 冬が 길어졌습니다. →

3) 買い物が 편리해졌습니다. →

4) 日本語は 어렵지만, 재미있습니다. →

5) 私は 刺身を よく 먹었지만, 지금은 먹지 않습니다. →

楽(だ)・らく(だ) 편안하다
英語・えいご 영어
頭・あたま 머리
刺身・さしみ 회
よく 자주, 잘

096 | 097

학번·이름을 적어 제출하세요.

처음 나오는 단어는 이곳에서 확인하세요.

…을 만드세요.

教える・おしえる 가르치다
ふた 뚜껑
塩・しお 소금
取る・とる 집다
ソファー・そふぁー 소파
座る・すわる 앉다

…える → すみません。ケイタイの番号を 教えてください。

1) ふた・開ける → すみません。

2) 塩・取る → すみません。

3) 少し・待つ → すみません。

4) ソファー・座る → すみません。

11과를 열심히 공부했습니까?
□ 매우 그렇지 않다 □ 그렇지 않다 □ 보통이다 □ 그렇다 □ 매우 그렇다

어떤 부분이 학습에 도움이 되었습니까?

114 | 115

자신의 학습을 되돌아보는 과정을 통해 학습 효과는 더욱 배가된다고 합니다. 단시간에 일본어 실력을 향상시킬 수 있는 비결이 될 수 있으므로 꼭 기록해 봅시다.

차례

일본어의 문자와 발음

일본어의 인사

こんにちは

じゃ、また・バイバイ

さようなら

すみません

ごめんなさい

おめでとうございます

いただきます

ごちそうさまでした

失礼(しつれい)します

どうぞ

どうも

ありがとうございます

ひらがな 1　청음(清音)

あ	あ		さ	さ	
い	い		し	し	
う	う		す	す	
え	え		せ	せ	
お	お		そ	そ	
か	か		た	た	
き	き		ち	ち	
く	く		つ	つ	
け	け		て	て	
こ	こ		と	と	

청음(清音)

な	な	ま	ま
に	に	み	み
ぬ	ぬ	む	む
ね	ね	め	め
の	の	も	も
は	は	や	や
ひ	ひ		
ふ	ふ	ゆ	ゆ
へ	へ		
ほ	ほ	よ	よ

ら	ら		わ	わ	
り	り				
る	る		を	を	
れ	れ				
ろ	ろ		ん	ん	

얼굴의 명칭을 읽어 보세요.

ひらがな 4

1. 탁음(濁音)

‘か행・さ행・た행・は행’의 오른쪽 위에 탁점(゛)을 붙인 것이다.

ご	は	ん
ご	は	ん

か	ぜ
か	ぜ

ば	ら
ば	ら

2. 반탁음(半濁音)

‘は행’의 오른쪽 위에 반탁점(゜)을 붙인 것이다.

か	ん	ぱ	い
か	ん	ぱ	い

え	ん	ぴ	つ
え	ん	ぴ	つ

た	ん	ぽ	ぽ
た	ん	ぽ	ぽ

3. 촉음(促音)

‘つ’를 작게 쓰면 한국어의 받침 ‘ㄱ・ㅂ・ㅅ’과 비슷한 발음을 가진다.

が	っ	こ	う
が	っ	こ	う

し	っ	ぽ
し	っ	ぽ

ざ	っ	し
ざ	っ	し

4. 요음(拗音)

い를 제외한 い단(き、ぎ、し、じ、ち、に、ひ、び、ぴ、み、り)의 오른쪽에 ‘や・ゆ・よ’를 작게 쓴 것을 요음이라고 한다.

し	ゃ	し	ん
し	ゃ	し	ん

き	ゅ	う	り
き	ゅ	う	り

り	ょ	う	り
り	ょ	う	り

5. 장음(長音)

다음과 같은 경우, 글자를 길게 끌어 발음한다.

あ단 + あ	おかあさん [오카-상]	어머니
い단 + い	おにいさん [오니-상]	오빠, 형
う단 + う	すうがく [스-가쿠]	수학
え단 + え・い	せんせい [센세-]	선생님
お단 + お・う	こおり [코-리] おとうさん [오토-상]	얼음 아버지
요음 + う	きょう [쿄-] じゅう [쥬-]	오늘 열, 10

ア	ア				
イ	イ				
ウ	ウ				
エ	エ				
オ	オ				
カ	カ				
キ	キ				
ク	ク				
ケ	ケ				
コ	コ				

サ	サ				
シ	シ				
ス	ス				
セ	セ				
ソ	ソ				
タ	タ				
チ	チ				
ツ	ツ				
テ	テ				
ト	ト				

ナ	ナ					マ	マ				
ニ	ニ					ミ	ミ				
ヌ	ヌ					ム	ム				
ネ	ネ					メ	メ				
ノ	ノ					モ	モ				
ハ	ハ					ヤ	ヤ				
ヒ	ヒ										
フ	フ					ユ	ユ				
ヘ	ヘ										
ホ	ホ					ヨ	ヨ				

청음(清音)・발음(撥音) - ン

ラ	ラ		ワ	ワ	
リ	リ				
ル	ル		ヲ	ヲ	
レ	レ				
ロ	ロ		ン	ン	

다음 나라들의 이름을 읽어 보세요.

タイ

スイス

アメリカ

ケニア

トルコ

フランス

ソマリア

マカオ

チリ

クロアチア

ロシア

イタリア

다음 단어를 히라가나로 써 보세요.

i su

se N se i

hi ko u ki

ga ku se i

be N to u

i nu

su mi ma se N

i ta da ki ma su

다음 단어를 가타카나로 써 보세요.

ke	ー	ki
	ー	

te	re	bi

to	ma	to

su	ma	ho

i	gi	ri	su

ta	ku	si	ー
			ー

ba	su

i	ya	ho	N

ko	ー	hi	ー
	ー		ー

빈칸에 히라가나를 적으세요.

a	ka	ga	sa	za	ta	da	na	ha	ba	pa	ma	ya	ra	wa
i	ki	gi	si	ji	chi	ji	ni	hi	bi	pi	mi		ri	
u	ku	gu	su	zu	tsu	zu	nu	hu	bu	pu	mu	yu	ru	o
e	ke	ge	se	ze	te	de	ne	he	be	pe	me		re	
o	ko	go	so	zo	to	do	no	ho	bo	po	mo	yo	ro	N

빈칸에 가타카나를 적으세요.

wa	ra	ya	ma	pa	ba	ha	na	da	ta	za	sa	ga	ka	a
	ri		mi	pi	bi	hi	ni	ji	chi	ji	si	gi	ki	i
o	ru	yu	mu	pu	bu	hu	nu	zu	tsu	zu	su	gu	ku	u
	re		me	pe	be	he	ne	de	te	ze	se	ge	ke	e
N	ro	yo	mo	po	bo	ho	no	do	to	zo	so	go	ko	o

1

この 店(みせ)は 初(はじ)めてですか。

彼女(かのじょ)は 学生(がくせい)です。

그녀는 학생입니다.

友(とも)だちですか。

친구입니까?

1. 조사 は

뜻 ______________________

용법 ______________________

2. です

뜻 ______________________

용법 ______________________

3. (です)か

뜻 ______________________

용법 ______________________

~さん ~씨

彼・かれ 그, 남자친구

先生・せんせい 선생님

私・わたし 나, 저

あなた 당신

예 1 Aさんは 友(とも)だちです。

예 2 彼(かれ)は 先生(せんせい)ですか。

예 3 先生(せんせい)は 私(わたし)です。

¶ 'でした'는 한국어의 '였습니다'에 해당합니다.

¶ 일본어의 인칭대명사 : 1인칭 - 私(わたし) 2인칭 - あなた 3인칭 - 彼(かれ)・彼女(かのじょ)

韓国の 人じゃ ありません。

한국 사람이 아닙니다.

1. 조사 の

뜻 ______________________

용법 ______________________

2. じゃ ありません

뜻 ______________________

용법 ______________________

- **犬・いぬ** 개
- **チワワ・ちわわ** 치와와
- **日本語・にほんご** 일본어
- **ソウル・そうる** 서울
- **大学・だいがく** 대학교
- **いいえ** 아니요
- **中国・ちゅうごく** 중국
- **日本・にほん** 일본

예 1 私の 犬は チワワです。

예 2 日本語の 先生は 韓国の 人です。

예 3 私は 韓国の ソウルの 漢陽大学の 学生です。

예 4 Q：友だちは 中国の 人ですか。

A：いいえ、中国の 人じゃ ありません。 日本の 人です。

¶ ‘じゃ ありませんでした’는 한국어의 ‘아니었습니다’에 해당합니다.

¶ ‘じゃ’는 ‘では’와, ‘ありません’은 ‘ないです’와 같은 뜻이므로 서로 바꾸어 사용할 수 있습니다.

この・その・あの アプリ(あぷり)は 何(なん)ですか。

이・그・저 앱은 무엇입니까?

どの アプリ(あぷり)ですか。

어느 앱입니까?

1. この・その・あの・どの

뜻 ______________________

용법 ______________________

本・ほん 책
アメリカ・あめりか 미국
ゲーム・げーむ 게임

2. 何

뜻 ______________________

용법 ______________________

예 1 この 本(ほん)は 日本語(にほんご)の 本(ほん)です。

예 2 あの 人(ひと)は アメリカ(あめりか)の 人(ひと)です。

예 3 Q : 何(なん)の アプリ(あぷり)ですか。
A : ゲーム(げむ)の アプリ(あぷり)です。

それは 誰(だれ)の スマホ(すまほ)ですか。

그것은 누구의 스마트폰입니까?

これですか。私(わたし)のです。

이거요? 제 것입니다.

---

1. これ・それ・あれ・どれ

뜻 ______________________________

용법 ______________________________

2. 誰

뜻 ______________________________

용법 ______________________________

3. 명사 + の + です(か)

뜻 ______________________________

용법 ______________________________

스마ホ・すまほ 스마트폰
あれ 저것
どれ 어느 것
団子・だんご 경단
お菓子・おかし 과자
自転車・じてんしゃ 자전거

예 1 Q：これは 何(なん)ですか。

A：団子(だんご)です。日本(にほん)の お菓子(かし)です。

예 2 Q：あれは 誰(だれ)の 自転車(じてんしゃ)ですか。

A：あれは 先生(せんせい)のです。

前田(まえだ)：シン(しん)さん、この店(みせ)は初(はじ)めてですか。
마에다：신 상, 이 가게는 처음이세요?

シン(しん)：はい、初(はじ)めてです。
신：네, 처음입니다.

前田(まえだ)：そうですか。
마에다：그러세요?

店員(てんいん)：いらっしゃいませ。 どうぞ。
점원：어서 오세요. 이쪽으로 오세요.

前田(まえだ)：どうも。
마에다：고맙습니다.

店員(てんいん)：ご注文(ちゅうもん)は。
점원：주문은 (무엇으로 하시겠어요)?

前田(まえだ)：これ、お願(ねが)いします。
마에다：이거 부탁드려요(=이것으로 주세요).

シン(しん)：じゃ、私(わたし)は あれを…
신：그러면, 저는 저것으로 주세요.

店員(てんいん)：どうぞ。
점원：여기 있습니다.

前田(まえだ)：あれ? これじゃ ありません。
마에다：어? 이것이 아니에요.

↑ MP3로 들어보세요

店・みせ 가게
初めて・はじめて 처음
はい 네
店員・てんいん 점원
いらっしゃいませ 어서 오세요
どうぞ 아무쪼록, 부디, 어서
どうも 감사합니다
注文・ちゅうもん 주문
お願いします・おねがいします 부탁합니다
じゃ 자, 그러면

¶ 일본어의 존칭인 'さん'은 한국어의 '씨'에 해당하지만, 본문 해석에서는 모든 존칭을 '상'으로 통일하였습니다.

학번 :	이름 :

1. 밑줄 친 부분에 알맞은 말을 넣으세요.

1) 私(わたし) ______ 学生(がくせい)です。

2) Q : 金(きむ)さん______ 友(とも)だちは 学生(がくせい)ですか。

A : いいえ、学生(がくせい)______________________________。先生(せんせい)です。

3) Q : __________は 何(なん)ですか。

A : それは 団子(だんご)です。

2. 다음 대화를 완성하세요.

1) Q : これは あなた______ 本(ほん)ですか。

A : はい、私(わたし)______です。

2) Q : これ、__________ アプリ(あぷり)ですか。

A : ゲーム(げーむ)______ アプリ(あぷり)です。

3) Q : __________ 本(ほん)は 日本語(にほんご)______ 本(ほん)ですか。

A : はい、その 本(ほん)は 日本語(にほんご)______ 本(ほん)です。

3. 다음을 일본어로 바꾸세요.

1) 도쿄대학이 아닙니다. 도쿄에 있는 대학입니다.

____

東京・とうきょう 도쿄

4. 그림 속 '나'는 일본을 여행하며 식구들에게 줄 선물을 사 왔습니다.

선물은 누구의 것입니까? 예와 같이 문장을 만들어 봅시다.

예

Q : 誰(だれ)の プレゼント(ぷれぜんと)ですか。

A - 私(わたし) : あの かさは 私(わたし)のです。

1) 父(ちち) : ____________ 2) 母(はは) : ____________

3) 姉(あね) : ____________ 4) 兄(あに) : ____________

5) 妹(いもうと) : ____________ 6) 弟(おとうと) : ____________

プレゼント・ぷれぜんと 선물

かさ 우산

扇子・せんす 부채

だるま 달마, 달마대사, 오뚝이

キーホルダー・きーほるだー 키 홀더, 열쇠 고리

浴衣・ゆかた 유카타

下駄・げた 나막신

けん玉・けんだま 켄다마(장난감의 일종)

風鈴・ふうりん 풍경

父・ちち 아빠

母・はは 엄마

姉・あね 언니, 누나

兄・あに 오빠, 형

妹・いもうと 여동생

弟・おとうと 남동생

¶ **1과를 열심히 공부했습니까?**

☐ 매우 그렇지 않다 ☐ 그렇지 않다 ☐ 보통이다 ☐ 그렇다 ☐ 매우 그렇다

¶ **어떤 부분이 학습에 도움이 되었습니까?**

____

2

あそこに しまうまが います。

何(なに)**が** ありますか。

무엇이 있습니까?

時計(とけい)が **あります/ありません。**

시계가 있습니다/없습니다.

めがね**も** あります/ありません。

안경도 있습니다/없습니다.

1. 조사 が

뜻 ____________________

용법 ____________________

2. あります/ありません

뜻 ____________________

용법 ____________________

3. 조사 も

뜻 ____________________

용법 ____________________

消しゴム・けしごむ

지우개

예1 Q1：何(なに)が ありますか。

A1：スマホ(すまほ)が あります。　A2：時計(とけい)も あります。

예2 Q2：消(け)しゴム(ごむ)は ありますか。

A1：はい、あります。　A2：いいえ、ありません。

¶ 한국어의 '아무것도 없어요'는 일본어로 '何(なに)も ありません'이라고 합니다.

誰(だれ)が **いますか。**

누가 있습니까?

先生(せんせい)が **います / いません。**

선생님이 있습니다 / 없습니다.

1. います / いません

뜻 ____________________

용법 ____________________

猫・ねこ 고양이
魚・さかな 생선, 물고기
女の人・おんなのひと 여자
女性・じょせい 여성
男の人・おとこのひと 남자
男性・だんせい 남성

예 1 Q：何(なに)が います か。
A1：猫(ねこ)が います。
A2：魚(さかな)が います。

예 2 Q：誰(だれ)が います か。
A：女(おんな)の人(ひと)が います。

예 3 Q：男(おとこ)の人(ひと)も います か。
A1：はい、います。
A2：いいえ、いません。

¶ 한국어의 '아무도 없어요'는 일본어로 'だれも いません'이라고 합니다.

¶ 일본어로 성별을 말할 때 여성은 女性(じょせい) 또는 女(おんな)の人(ひと), 남성은 男性(だんせい) 또는 男(おとこ)の人(ひと)라고 합니다(女(おんな)・男(おとこ)는 비하하는 뜻을 담고 있으므로 사용에 주의해야 합니다).

○○は ○○の 上(うえ)・下(した)・前(まえ)・後(うし)ろ
은·는 의 위・아래・앞・뒤

○○と ○○の 左(ひだり)・右(みぎ)・中(なか)・横(よこ)・間(あいだ)
과·와 의 왼쪽・오른쪽・안(속)・옆・사이

} に あります/います。
에 있습니다.

1. 조사 に

뜻 ______________________________

용법 ______________________________

2. 조사 と

뜻 ______________________________

용법 ______________________________

テーブル・てーぶる 테이블
銀行・ぎんこう 은행
コンビニ・こんびに 편의점
学校・がっこう 학교

예1 本(ほん)は テーブル(てーぶる)の 上(うえ)に あります。

예2 男(おとこ)の人(ひと)は テーブル(てーぶる)の 後(うし)ろに います。

예3 銀行(ぎんこう)は コンビニ(こんびに)と 学校(がっこう)の 間(あいだ)に あります。

예4 Q : テーブル(てーぶる)の 右(みぎ)に 何(なに)が いますか。
A : 犬(いぬ)が います。

ここ
여기 • 이곳

そこ
거기 • 그곳

あそこ
저기 • 저곳

どこ
어디 • 어느 곳

---

1. ここ・そこ・あそこ・どこ

뜻 ______________________________

용법 ______________________________

地下鉄・ちかてつ 지하철
駅・えき 역
さいふ 지갑
すみません 미안합니다
バス停・ばすてい 버스정류장

예1 Q : ここは どこですか。
A : 漢陽大学(はにゃんだいがく)です。

예2 Q : 地下鉄(ちかてつ)の 駅(えき)は どこですか。
A : あそこです

예3 Q : あ! さいふが ありません。
A : そこに あります。

예4 Q : すみません。バス停(ばすてい)は どこですか。
A : あそこです。

シン(しん)： あ、あそこに しまうまが いますよ。
신： 아, 저기에 얼룩말이 있어요.

前田(まえだ)： え? どこですか。
마에다： 어? 어디요?

シン(しん)： あそこに 木(き)が ありますよね。
신： 저기에 나무가 있죠?

その 横(よこ)に いますよ。
그 옆에 있어요.

前田(まえだ)： あ、本当(ほんとう)だ。しまうまだ。
마에다： 아, 진짜다. 얼룩말이다.

シン(しん)： ライオン(らいおん)は いませんね。
신： 사자는 없네요.

前田(まえだ)： いますよ。
마에다： 있는데요.

シン(しん)： え? どこ? どこですか。
신： 어? 어디? 어디예요?

前田(まえだ)： ほら、あなたの 後(うし)ろに！
마에다： 보세요, 당신 뒤에!

↑ MP3로 들어보세요

しまうま 얼룩말
木・き 나무
本当・ほんとう 정말, 진짜
ライオン・らいおん 사자

학번 :	이름 :

1. 밑줄 친 부분에 알맞은 말을 넣으세요.

1) 何(なに)________ありますか。

2) 机(つくえ)の 上(うえ)________スマホ(すまほ)が_______________。

3) 教室(きょうしつ)の 中(なか)に 先生(せんせい)が_______________________。

4) Q : 消(け)しゴム(ごむ)は ありますか。

A : いいえ、___________________。

2. 다음 대화를 완성하세요.

1) Q : テーブル(てぶる)の 上(うえ)に 何(なに)が ありますか。

A : 本(ほん)________スマホ(すまほ)が あります。

2) Q : 銀行(ぎんこう)は____________に ありますか。

A : この ビル(びる)の 後(うし)ろに あります。

3) Q : 犬(いぬ)は____________に______________________か。

A : テーブル(てぶる)の 右(みぎ)に______________________。

机・つくえ 책상
教室・きょうしつ 교실
ビル・びる 건물, 빌딩

3. 아래 지도를 보고 예와 같이 질문에 답하세요.

예　Q : じんりきしゃは　どこですか。

A : 雷門(かみなりもん)　の　右(みぎ) です。

1) Q : 浅草駅(あさくさえき)は　どこですか。

A : ________ の ________ です。

2) Q : だんご屋(や)は　どこですか。

A : ________ の ________ です。

3) Q : ベンチ(べんち)は　どこですか。

A : ________ の ________ です。

浅草・あさくさ 아사쿠사(도쿄의 관광지 중 한 곳)
浅草寺・せんそうじ 센소지(아사쿠사에 있는 사찰)
公園・こうえん 공원
ベンチ・べんち 벤치
～屋・や ~가게(음식점이나 상점 등, 상호에 붙여 사용)
薬・くすり 약
そば 메밀국수
お土産・おみやげ 기념품
せんべい 센베
雷門・かみなりもん 카미나리몽(센소지의 정문)
じんりきしゃ 인력거
浅草駅・あさくさえき 아사쿠사역
カフェ・かふぇ 카페

¶ **2과를 열심히 공부했습니까?**

☐ 매우 그렇지 않다　☐ 그렇지 않다　☐ 보통이다　☐ 그렇다　☐ 매우 그렇다

¶ **어떤 부분이 학습에 도움이 되었습니까?**

____

3

文房具売り場は　何階ですか。

0	ゼロ(ぜろ)	1 (一)	いち	2 (二)	に
3 (三)	さん	4 (四)	**よん**・し	5 (五)	ご
6 (六)	ろく	7 (七)	**なな**・しち	8 (八)	はち
9 (九)	**きゅう**・く	10 (十)	じゅう	100 (百)	ひゃく
1000 (千)	せん	10000 (万)	**いち**まん		

何番・なんばん 몇 번

예 1 何番(なんばん)ですか。

090-8765-4321

119番(ばん)

１１０番(ひゃくとおばん)

010-2345-6789

120番(ばん) (다산콜센터)

112番(ばん)

¶ 3, 6, 8은 100 단위와 1000 단위에서 발음에 유의하세요.

300	さんびゃく	600	ろっぴゃく	800	はっぴゃく
3000	さんぜん	6000	ろくせん	8000	はっせん

1個 (いっこ)	2個 (にこ)	3個 (さんこ)	4個 (よんこ)
5個 (ごこ)	6個 (ろっこ)	7個 (ななこ)	8個 (はちこ)
9個 (きゅうこ)	10個 (じゅっこ)	11個 (じゅういっこ)	…

何個 (なんこ) = いくつ

1. 숫자 + 個

뜻 ____________________

용법 ____________________

何個・なんこ 몇 개
いくつ 몇 개
さら 접시
ミニトマト・みにとまと 방울토마토
キャンディ・きゃんでぃ 사탕

예 1 消(け)しゴム(ごむ)が 1個(こ)あります。

예 2 さらの 上(うえ)に ミニトマト(みにとまと)が 6個(こ)あります。

예 3 机(つくえ)の 上(うえ)に キャンディ(きゃんでぃ)が 8個(こ)あります。

¶ 한국어로 개수를 셀 때 '한 개, 두 개...'라고 읽는 방법과 '하나, 둘...'이라고 읽는 방법이 있듯, 일본어에도 위 방법 외에 다음과 같은 방법으로 개수를 세기도 합니다.

1つ(ひとつ)	2つ(ふたつ)	3つ(みっつ)	4つ(よっつ)	5つ(いつつ)
6つ(むっつ)	7つ(ななつ)	8つ(やっつ)	9つ(ここのつ)	10(とお)

1人 (**ひとり**)	2人 (**ふたり**)	3人 (さんにん)
4人 (**よ**にん)	5人 (ごにん)	6人 (ろくにん)
7人 (**なな**にん・しちにん)	8人 (はちにん)	9人 (きゅうにん)
10人 (じゅうにん)	11人 (じゅういちにん)	12人 (じゅうににん)
13人 (じゅうさんにん)	14人 (じゅう**よ**にん)	何人 (なんにん)

1. 숫자 + 人

뜻 ______________________

용법 ______________________

何人・なんにん 몇 명

全部で・ぜんぶで 전부 다 해서

예1 女(おんな)の人(ひと)は 1人います。

예2 男(おとこ)の人(ひと)は 6人(にん)です。

예3 Q : 全部(ぜんぶ)で 何人(なんにん)いますか。

A : 7人(にん)います。

1(いち)	2(に)	3(さん)	4(よん)	5(ご)	6(ろく)	+ 台(だい)・枚(まい)
7(なな)	8(はち)	9(きゅう)	10(じゅう)	何(なん)		

1本(いっぽん)	2本(にほん)	3本(さんぼん)	4本(よんほん)	5本(ごほん)	6本(ろっぽん)
7本(ななほん)	8本(はっぽん)	9本(きゅうほん)	10本(じゅっぽん)	何本(なんぼん)	
1階(いっかい)	2階(にかい)	3階(さんがい)	4階(よんかい)	5階(ごかい)	6階(ろっかい)
7階(ななかい)	8階(はちかい)	9階(きゅうかい)	10階(じゅっかい)	何階(なんがい)	

1. 숫자 + 台

뜻 ______________________

용법 ______________________

何台・なんだい 몇 대

何枚・なんまい 몇 장

何本・なんぼん 몇 그루, 몇 자루

何階・なんがい 몇 층

2. 숫자 + 枚

뜻 ______________________

용법 ______________________

3. 숫자 + 本

뜻 ______________________

용법 ______________________

4. 숫자 + 階

뜻 ______________________

용법 ______________________

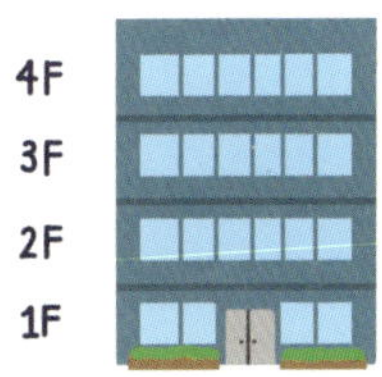

お客(きゃく)さん： すみません。文房具(ぶんぼうぐ)売り場(ば)は 何階(なんがい)ですか。

손님: 죄송합니다. 문구매장은 몇 층인가요?

店員(てんいん)： はい、文房具(ぶんぼうぐ)売り場(ば)は 6階(ろっかい)の 本屋(ほんや)の 中(なか)に あります。

점원: 네, 문구매장은 6층 서점 안에 있습니다.

お客(きゃく)さん： どうも。

손님: 감사합니다.

店員(てんいん)： ありがとうございます。

점원: 감사합니다.

シャーペン(しゃーぺん) 2本(にほん)と ファイル(ふぁいる) 4枚(よんまい)、

샤프 2자루와 파일 4개,

それから 修正(しゅうせい)テープ(てーぷ) 1個(いっこ)。

그리고 수정테이프 1개.

全部(ぜんぶ)で 1850円(せんはっぴゃくごじゅうえん)です。

다 해서 1850엔입니다.

お客(きゃく)さん： はい。

손님: 네.

↑ MP3로 들어보세요

お客さん・おきゃくさん 손님

文房具・ぶんぼうぐ 문구

売り場・うりば 매장

本屋・ほんや 서점

ありがとうございます 고맙습니다

シャーペン・しゃーぺん 샤프

ファイル・ふぁいる 파일

それから 그리고

修正テープ・しゅうせいてーぷ 수정 테이프

학번 :	이름 :

1. 밑줄 친 부분을 히라가나로 쓰세요.

1) 学校(がっこう)の 電話番号(でんわばんごう)は 02 - 2220 - 0114です。

→ ______の______の______

2) 学生(がくせい)は 7人います。

→ ______

3) 女(おんな)の人(ひと)は 3人、男(おとこ)の人(ひと)は 4人います。

→ ______、→ ______

4) 340円(えん)

→ ______

5) 13,000円(えん)

→ ______

6) りんご 1つと みかん 2つ あります。

→ ______、→ ______

7) つくえの 上(うえ)には シャーペン(しゃぺん) 1本と 消(け)しゴム(ごむ)が 1個あります。

→ ______、→ ______

8) 日本語学科(にほんごがっか)は 3階です。

→ ______

2. 밑줄 친 부분을 일본어(히라가나)로 바꾸세요.

1) 先生(せんせい)が 2명, 学生(がくせい)が 10명, 전부 다 해서 12명입니다.

______

______

電話番号・でんわばんごう 전화번호

りんご 사과

みかん 귤

日本語学科・にほんごがっか 일본어학과

3. 자신에 관한 정보를 일본어로 말해보세요.

1) Q : 何才(なんさい)ですか。

A : ______________です。 스물두 살 = にじゅうに (주의: 스무 살 = はたち)

2) Q : ケイタイ(けいたい)の 番号(ばんごう)は 何番(なんばん)ですか。

A : ____________の______________の______________です。

3) Q : 何年生(なんねんせい)ですか。

A : ______________です。 4학년 = 4年生(よねんせい)

4) Q : 身長(しんちょう)は (何センチ(なんせんち)ですか)。

A : ______________です。 164cm = ひゃくろくじゅうよん

5) Q : くつの サイズ(さいず)は (何センチ(なんせんち)ですか)。

A : ______________です。 235mm = 23.5cm = にじゅうさん てん ご

4. 위 정보를 이용하여 팀원들과 묻고 답하세요.

이름	나이	휴대전화 번호	학년	키	신발 사이즈

何才・なんさい 몇 살
ケイタイ・けいたい 핸드폰, 휴대전화
番号・ばんごう 번호
何年生・なんねんせい 몇 학년
身長・しんちょう 키, 신장
何センチ・なんせんち 몇 센티미터
くつ 신발, 구두
サイズ・さいず 사이즈

¶ **3과를 열심히 공부했습니까?**

☐ 매우 그렇지 않다 ☐ 그렇지 않다 ☐ 보통이다 ☐ 그렇다 ☐ 매우 그렇다

¶ **어떤 부분이 학습에 도움이 되었습니까?**

____

4

バイトは　何時までですか。

いち	に	さん	よ	ご	ろく		じ
1	2	3	4	5	6		時
しち	はち	く	じゅう	じゅういち	じゅうに	なん	
7	8	9	10	11	12	何	

ご	じゅうご	にじゅうご	さんじゅうご	よんじゅうご	ごじゅうご	ふん
5	15	25	35	45	55	分
じゅっ	にじゅっ	よんじゅっ	ごじゅっ	なん		ぷん
10	20	40	50	何		

さんじゅっ ぷん　　はん
30 分 = 半

ごぜん	ごご	あさ	ひる	よる	いま
午前	午後	朝	昼	夜	今
오전	오후	아침	낮	밤	지금

1. 숫자 + 時

뜻 ______________________________

용법 ______________________________

何時・なんじ 몇 시

何分・なんぷん 몇 분

2. 숫자 + 分

뜻 ______________________________

용법 ______________________________

예1 Q : 今(いま)、何時(なんじ)ですか。

A1 : 11時(じ)です。

A2 : 4時(じ)30分(ぷん)(= 半(はん))です。

A3 : 7時(じ)15分(ふん)です。

Q : バイトは 何曜日ですか。

아르바이트는 무슨 요일입니까?

A : 月曜日です。

월요일입니다.

Q : 土曜日に 何**を** しますか。

토요일에 무엇을 합니까?

A : デートを します。

데이트를 합니다.

1. **조사 を**

뜻 ______________________

용법 ______________________

예1 日曜日に 勉強を します。

예2 水曜日に 運動を します。

예3 飲み会は 金曜日です。

예4 デートは 土曜日です。

何曜日・なんようび 무슨 요일
勉強・べんきょう 공부
バイト・ばいと 아르바이트
運動・うんどう 운동
飲み会・のみかい 회식
デート・でーと 데이트
する 하다

11時**から** 7時**まで** 寝ます。

11시부터 7시까지 잡니다.

7時に 起きます。

7시에 일어납니다

1. 조사 から

뜻 ______________________

용법 ______________________

2. 조사 まで

뜻 ______________________

용법 ______________________

寝る・ねる 자다

起きる・おきる 일어나다

プサン・ぷさん 부산

예1 夜 11時に 寝ます。

예2 朝 7時に 起きます。

예3 私は 11時から 7時まで 寝ます。

예4 ソウルから プサンまで 453kmです。

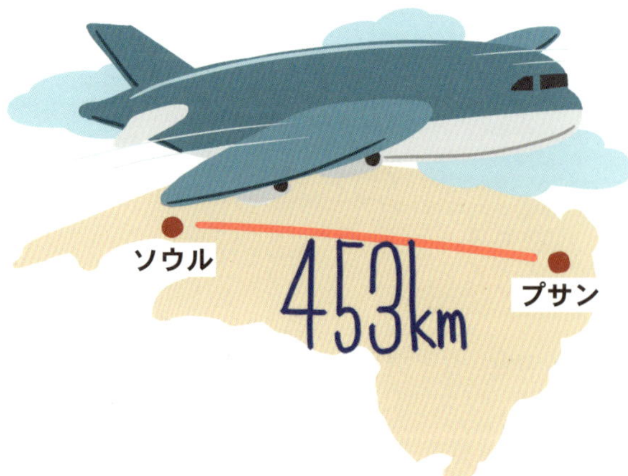

장소 へ (으)로

行(い)きます・行(い)きません。
갑니다 • 가지 않습니다

来(き)ます・来(き)ません。
옵니다 • 오지 않습니다

帰(かえ)ります・帰(かえ)りません。
돌아갑(옵)니다. • 돌아가(오)지 않습니다

1. **조사 へ**

뜻 ________________

용법 ________________

行く・いく 가다
来る・くる 오다
帰る・かえる 돌아가다, 돌아오다

예1 Q : どこへ 行(い)きますか。
A : 学校(がっこう)へ 行(い)きます。

예2 バイト(ばいと)は 4時(じ)に 行(い)きます。

예3 Q : 8時(じ)に 帰(かえ)りますか。
A : いいえ、帰(かえ)りません。9時(じ)に 帰(かえ)ります。

예4 Q : 田中(たなか)さんは 何時(なんじ)に 来(き)ますか。
A : 9時半(じはん)に 来(き)ます。

前田(まえだ)：シン(しん)さん！今日(きょう)、バイト(ばいと)ありますか。
마에다： 신 상! 오늘 아르바이트 있어요?

シン(しん)：はい、あります。4時(よじ)からです。
신： 네, 있습니다. 4시부터입니다.

前田(まえだ)：何時(なんじ)まででですか。
마에다： 몇 시까지입니까?

シン(しん)：６時(ろくじ)まででです。
신： 6시까지입니다.

前田(まえだ)：じゃ、いっしょに 食事(しょくじ)しませんか。
마에다： 그럼, 같이 식사하지 않겠습니까?

シン(しん)：いいですね。何(なに)を 食(た)べましょうか。
신： 좋네요. 무엇을 먹을까요?

前田(まえだ)：あれ、どうですか？
마에다： 그거 어때요?

シン(しん)：ああ、あれ。いいですね。
신： 아아, 그거. 좋네요.

↑ MP3로 들어보세요

今日・きょう 오늘
いっしょに 같이, 함께
食事・しょくじ 식사
いい 좋다
食べる・たべる 먹다

학번 :	이름 :

1. 밑줄 친 부분을 히라가나로 쓰세요.

1) デートは 월요일에 します。

→ ______________________

2) 토요일に 運動(うんどう)を 합니다。

→ ______________________、→ ______________________

3) 4 : 10 です。

→ ______________________

4) 7 : 15 です。

→ ______________________

5) 9 : 30 です。

→ ______________________

6) 화요일부터 목요일까지 학교에 갑니다.

→ ______________________、→ ______________________

7) 아르바이트는 금요일 오전 10시부터 오후 4시까지입니다.

→ ______________________

8) 아침 7시에 일어납니다.

→ ______________________

2. 당신의 하루는 어떤가요? 일과표에 메모한 내용을 바탕으로 아래 문장을 완성하세요.

私(わたし)の 一日(いちにち)

1) 자는 시간	시
2) 일어나는 시간	시
3) 학교 도착 시간	시
4) 집에 돌아가는 시간	시

1) Q : 何時(なんじ)に （　　　）ますか。

A : 私(わたし)は （　　　）時(じ)に （　　　）ます。

2) Q : 何時(なんじ)に （　　　）ますか。

A : （　　　）時(じ)に （　　　）ます。

私(わたし)は （　　　）時(じ)から （　　　）時(じ)まで （　　　）ます。

3) Q : 何時(なんじ)に （　　　）に （　　　）ますか。

A : （　　　）時(じ)に （　　　）に （　　　）ます。

4) Q : （　　　）に 家(いえ)に （　　　）ますか。

A : （　　　）時(じ)に （　　　）ます。

3. 위 정보를 이용하여 팀원들과 묻고 답하세요.

이름	취침 시간	기상 시간	학교 도착 시간	집에 가는 시간

一日・いちにち 하루
家・いえ 집

¶ 4과를 열심히 공부했습니까?

☐ 매우 그렇지 않다　☐ 그렇지 않다　☐ 보통이다　☐ 그렇다　☐ 매우 그렇다

¶ 어떤 부분이 학습에 도움이 되었습니까?

5

2人(ふたり)で どこか 行(い)きませんか。

일본어의 동사는 **1그룹**, **2그룹**, **3그룹**으로 나뉜다.

1. **1그룹 동사**

특징 ____________________

____

예외 동사 ¶ 帰(かえ)る, 知(し)る, 切(き)る, 走(はし)る는 모양은 2그룹이지만, 1그룹이므로 주의하세요.

2. **2그룹 동사**

특징 ____________________

____

3. **3그룹 동사**

특징 ____________________

____

4. **3그룹 동사의 활용**

사전형	ます형	
1) する　하다		ます
2) 来(く)る　오다		ます

5. 2그룹 동사의 활용

사전형		ます형
1) 食(た)べる	먹다	ます
2) 見(み)る	보다	ます
3) 寝(ね)る	자다	ます
4) 起(お)きる	일어나다	ます

6. 1그룹 동사의 활용

사전형		ます형
1) 買(か)う	사다	ます
2) 会(あ)う	만나다	ます
3) 書(か)く	쓰다	ます
4) 話(はな)す	이야기하다	ます
5) 持(も)つ	들다, 가지다	ます
6) 遊(あそ)ぶ	놀다	ます
7) 休(やす)む	쉬다	ます
8) 乗(の)る	타다	ます
9) 帰(かえ)る	돌아가다, 돌아오다	ます
10) 切(き)る	자르다, 썰다	ます

お昼(ひる)は 1時(じ)に 食(た)べ**ます** / 食(た)べ**ません**。

점심(식사)는 1시에 먹습니다 / 먹지 않습니다.

今日(きょう)は ラーメン(らーめん)と おにぎりを 食(た)べ**ましょう**。

오늘은 라면과 주먹밥을 먹읍시다.

1. ます / ません

少し・すこし 조금

뜻 ______________________

용법 ______________________

2. ましょう

뜻 ______________________

용법 ______________________

예1 私(わたし)は 朝(あさ)7時(じ)に 起(お)きます。

예2 いっしょに 話(はな)しましょう。

예3 今日(きょう)は 学校(がっこう)へ 行(い)きません。

예4 Q : 少(すこ)し 休(やす)みませんか。

A : はい。

今日(きょう)は 彼女(かのじょ)に 会(あ)います。

오늘은 여자친구를 만납니다.

いっしょに 自転車(じてんしゃ)に 乗(の)ります。

함께 자전거를 탑니다.

---

1. 명사(대상) + に 会う

뜻 ______________________

용법 ______________________

2. 명사(교통수단, 놀이기구) + に 乗る

뜻 ______________________

용법 ______________________

明日・あした 내일

タクシー・たくしー 택시

ジェットコースター・じぇっとこーすたー 롤러코스터

メリーゴーランド・めりーごーらんど 회전목마

スキー・すきー 스키

スケート・すけーと 스케이트

예 1 明日(あした)、友(とも)だちに 会(あ)います。

예 2 タクシー(たくし)に 乗(の)りませんか。

예 3 地下鉄(ちかてつ)に 乗(の)りましょう。

예 4 Q : 何(なに)に 乗(の)りますか。

A : 私(わたし)は ジェットコースター(じぇっとこすた)に 乗(の)ります。

B : じゃ、私(わたし)は メリーゴーランド(めりごらんど)！

¶ 스키나 스케이트를 탄다는 표현에는 '～に 乗(の)る'를 사용하지 않습니다. 'スキー(すき)(スケート(すけと))を する'라고 해야 합니다.

前田(まえだ)： 明日(あした)から 連休(れんきゅう)ですね。
마에다： 내일부터 연휴네요.

キム(きむ)さんは 何(なに)か 予定(よてい)が ありますか。
김 상은 무언가 예정이 있어요?

キム(きむ)： 私(わたし)？ 何(なに)も ありません。彼女(かのじょ)も いませんし…
김： 저요? 아무것도 없어요. 여자 친구도 없고…

前田(まえだ)： 私(わたし)も… 2人(ふたり)で どこか 行(い)きませんか。
마에다： 저도요… 둘이서 어딘가 가지 않을래요?

キム(きむ)： え？ 2人(ふたり)で？ どこに？
김： 어? 둘이서요? 어딜요?

前田(まえだ)： ドライブ(どらいぶ)とか…
마에다： 드라이브를 한다든지…

キム(きむ)： え、いやですよ。
김： 어, 싫어요.

前田(まえだ)： じゃ、お酒(さけ)でも 飲(の)みましょうか。
마에다： 그럼, 술이라도 마실까요?

キム(きむ)： お酒(さけ)。それは いいですね。
김： 술. 그건 좋네요.

↑ MP3로 들어보세요

連休・れんきゅう 연휴

予定・よてい 예정

ドライブ・どらいぶ 드라이브

いや 싫다

お酒・おさけ 술

학번 :	이름 :

1. (　　) 안의 동사를 알맞게 활용하세요.

1) りんごを (買(か)う →　　　　　　　　)ます。

2) カタカナ(かたかな)を (書(か)く →　　　　　　　　)ます。

3) 友(とも)だちと (遊(あそ)ぶ →　　　　　　　　)ます。

4) 韓国(かんこく)の ドラマ(どらま)を (見(み)る →　　　　　　　　)ます。

5) 午後(ごご)、日本(にほん)から 友(とも)だちが (来(く)る →　　　　　　　　)ます。

2. 밑줄 친 부분에 알맞은 말을 넣고, (　　) 안의 동사를 알맞게 활용하세요.

1) 私(わたし)は バス(ばす) ＿＿＿＿＿＿(乗(の)る →　　　　)ます。

2) 明日(あした) 髪(かみ)(の毛(け))を (切(き)る →　　　　)ます。

3) 日曜日(にちようび)＿＿＿＿＿友(とも)だち＿＿＿＿＿ (会(あ)う →　　　　)ます。

4) 私(わたし)たちは 地下鉄(ちかてつ)＿＿＿＿＿ (乗(の)る →　　　　)ましょう。

5) 土曜日(どようび)は (デート(でと)する →　　　　　　)ます。

カタカナ・かたかな 가타카나
ドラマ・どらま 드라마
バス・ばす 버스
髪(の毛)・かみ(のけ) 머리카락
私たち・わたしたち 우리

3. **사람들은 공원에서 무엇을 합니까? 예와 같이 문장을 만들어 보세요.**

예 映画(えいが)(を) 見(み)ます 。

1) チキン(ちきん)(　　　) ＿＿＿＿＿＿＿＿。

2) わたあめ(　　　) ＿＿＿＿＿＿＿＿。

3) 写真(しゃしん)(　　　) ＿＿＿＿＿＿＿＿。

4) 友(とも)だち(　　　) ＿＿＿＿＿＿＿＿。

5) すべり台(だい)の 順番(じゅんばん)(　　　) ＿＿＿＿＿＿＿＿。

映画・えいが 영화
チキン・ちきん 치킨
食べる・たべる 먹다
わたあめ 솜사탕
買う・かう 사다
写真・しゃしん 사진
撮る・とる 찍다
会う・あう 만나다
すべり台・すべりだい 미끄럼틀
順番・じゅんばん 차례, 순번
待つ・まつ 기다리다

¶ **5과를 열심히 공부했습니까?**

☐ 매우 그렇지 않다　☐ 그렇지 않다　☐ 보통이다　☐ 그렇다　☐ 매우 그렇다

¶ **어떤 부분이 학습에 도움이 되었습니까?**

＿＿＿＿＿＿＿＿＿＿＿＿＿＿＿＿＿＿＿＿＿＿＿＿＿＿＿＿

6

ホンデで 遊びましょう。

きのう 昨日	—	きょう 今日	—	あした 明日
어제		오늘		내일

ゆう 夕べ	—	けさ 今朝	—	こんや 今夜
어젯밤		오늘 아침		오늘 밤

せんしゅう 先週	—	こんしゅう 今週	—	らいしゅう 来週
지난주		이번 주		다음 주

せんげつ 先月	—	こんげつ 今月	—	らいげつ 来月
지난달		이번 달		다음 달

いち	に	さん	し	ご	ろく	しち	
1	2	3	4	5	6	7	がつ 月
はち	く	じゅう	じゅういち	じゅうに	なん		
8	9	10	11	12	何		

1. 숫자 + 月

何月・なんがつ 명 월
授業・じゅぎょう 수업
卒業式・そつぎょうしき 졸업식
クリスマス・くりすます 크리스마스
生まれ・うまれ 탄생, 출생

예1 Q : 明日(あした)は 日本語(にほんご)の 授業(じゅぎょう)が ありますか。
A : いいえ、日本語(にほんご)の 授業(じゅぎょう)は 昨日(きのう)でした。

예2 日本(にほん)の 卒業式(そつぎょうしき)は 3月(がつ)です。

예3 昨日(きのう)は クリスマス(くりすます)でした。

예4 Q : 何月(なんがつ)生(う)まれですか。
A : 2月(がつ)生(う)まれです。

¶ 위의 표현 외에도 많이 사용되는 것으로 '毎日(まいにち)(매일)', '毎週(まいしゅう)(매주)', '毎朝(まいあさ)(매일 아침)' 등이 있습니다.

1日(ついたち)						
2(ふつ)	3(みっ)	4(よっ)	5(いつ)	6(むい)	7(なの)	日(か)
8(よう)	9(ここの)	10(とお)	14(じゅうよっ)	20(はつ)	24(にじゅうよっ)	
11(じゅういち)	…	25(にじゅうご)	…	31(さんじゅういち)	何(なん)	日(にち)

1. 숫자 + 日

何日・なんにち 며칠

こどもの日・こどものひ 어린이 날

お盆・おぼん 오봉(일본의 명절)

誕生日・たんじょうび 생일

いつ 언제

예1 こどもの日(ひ)は 何月何日(なんがつなんにち)ですか。

예2 お盆(ぼん)は 8月(がつ)13日(にち)から 16日(にち)までです。

예3 4月(がつ)24日は 私(わたし)の 誕生日(たんじょうび)です。

예4 Q : 誕生日(たんじょうび)は いつですか 。

A : 12月(がつ)25日(にち)です。

昨日(きのう)は カレーライス(かれーらいす)を 食(た)べ**ました**。

어제는 카레라이스를 먹었습니다.

でも、ビール(びーる)は 飲(の)み**ませんでした**。

하지만, 맥주는 마시지 않았습니다.

1. ました

뜻 ______________________________

용법 ______________________________

2. ませんでした

뜻 ______________________________

용법 ______________________________

スカート・すかーと

스커트, 치마

예1 昨日(きのう)、髪(かみ)の毛(け)を 切(き)りました。

예2 スカート(すかーと)は 買(か)いませんでした。

예3 友(とも)だちと 7時(じ)に 会(あ)いました。

예4 夕(ゆう)べは お酒(さけ)を 飲(の)みませんでした。

友(とも)だちと どこで 会(あ)いますか。

친구와 어디에서 만납니까?

そこまで 何(なに)で 行(い)きますか。

거기까지 무엇으로 갑니까?

1. 명사(장소) + で

뜻 ______________________

용법 ______________________

2. 명사(수단) + で

뜻 ______________________

용법 ______________________

コンサート・こんさーと 콘서트
美術館・びじゅつかん 미술관
学食・がくしょく 학생식당
飛行機・ひこうき 비행기
ステーキ・すてーき 스테이크
フォーク・ふぉーく 포크
ナイフ・ないふ 나이프
すし 초밥
手・て 손

예1 コンサート(こんさと)は 美術館(びじゅつかん)で します。

예2 Q : お昼(ひる)は どこで 食(た)べますか。

A : 学食(がくしょく)で 食(た)べます。

예3 学校(がっこう)まで 地下鉄(ちかてつ)と バス(ばす)で 行(い)きます。

예4 Q : プサン(ぷさん)まで 何(なに)で 行(い)きますか。

A : 飛行機(ひこうき)で 行(い)きます。

예5 ステーキ(すてき)は フォーク(ふぉく)と ナイフ(ないふ)で 食(た)べます。

예6 すしは 手(て)で 食(た)べます。

¶ 한국어의 '무엇으로'에 해당하는 일본어는 '何(なに)で'라고 읽어야 합니다. '何(なん)で'라고 읽으면 '왜'라는 뜻이 되므로 주의해야 합니다.

↑ MP3로 들어보세요

ジョン(じょん)：はじめまして、渡辺(わたなべ)さん。
정 : 처음 뵙겠습니다, 와타나베 상.

渡辺(わたなべ)さんは 韓国(かんこく)、初(はじ)めてですか。
와타나베 상은 한국, 처음이세요?

渡辺(わたなべ)：いいえ、去年(きょねん)の 3月(さんがつ)にも 来(き)ました。
와타나베 : 아니요, 작년 3월에도 왔습니다.

ジョン(じょん)：そうですか。どこへ 行(い)きましたか。
정 : 그래요? 어디에 갔습니까?

渡辺(わたなべ)：キョンボックン(きょんぼっくん)と インサドン(いんさどん)へ 行(い)きました。
와타나베 : 경복궁과 인사동에 갔습니다.

ジョン(じょん)：ホンデ(ほんで)は 行(い)きませんでしたか。
정 : 홍대는 가지 않았습니까?

渡辺(わたなべ)：はい、行(い)きませんでした。
와타나베 : 네, 안 갔습니다.

ジョン(じょん)：じゃ、今日(きょう)は ホンデ(ほんで)で 遊(あそ)びましょう。
정 : 그럼, 오늘은 홍대에서 놉시다.

はじめまして
처음 뵙겠습니다

去年・きょねん 작년

학번 :	이름 :

1. 정중한 과거 표현이 되도록 (　　) 안의 동사를 알맞게 활용하세요.

1) 手紙(てがみ)を (書(か)く　→　　　　　　　　)。

2) 日本語(にほんご)で (話(はな)す　→　　　　　　　　)。

3) 今日(きょう)は 10時(じ)に (起(お)きる　→　　　　　　　　)。

4) 昨日(きのう)は 恋人(こいびと)と 映画(えいが)を (見(み)る　→　　　　　　　　)。

5) 4月(がつ)には 日本(にほん)を (旅行(りょこう)する　→　　　　　　　　)。

2. 밑줄 친 부분에 알맞은 말을 넣고, (　　) 안의 동사를 알맞게 활용하세요.

1) ソウル駅(そうるえき)________タクシー(たくし)________ (乗(の)る　→　　　　)ました。

2) ナイフ(ないふ)________ りんごを (切(き)る　→　　　　　　)ました。

3) Q : 昨日(きのう)は タクシー(たくし)________ (帰(かえ)る　→　　　　　　)か。

A : いいえ、タクシー(たくし)________ (帰(かえ)る　→　　　　　　)た。

バス(ばす)________ (帰(かえ)る　→　　　　　　)た。

4) Q : 先週(せんしゅう)も 家(いえ)________ (休(やす)む　→　　　　　　)か。

A : いいえ、(休(やす)む　→　　　　　　)。

旅行(りょこう)を (する　→　　　　　　)た。

手紙・てがみ 편지
恋人・こいびと 애인
旅行する・りょこうする 여행하다

3. 지난주와 이번 주의 스케줄입니다. 예와 같이 그림을 보고 질문에 답하세요.

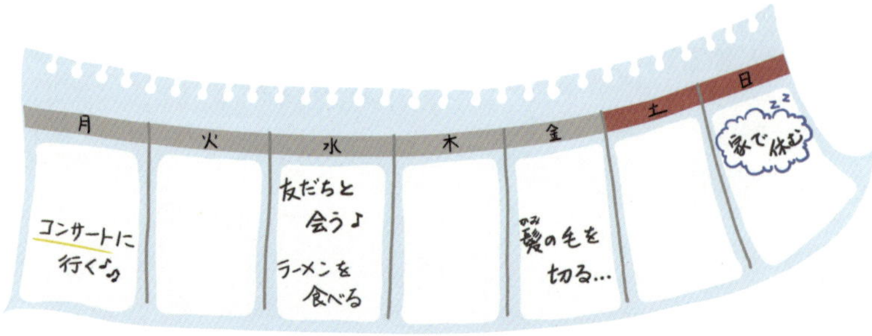

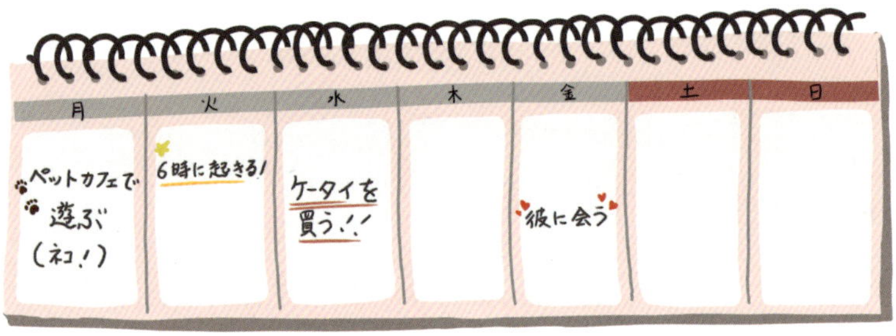

예 Q : 先週(せんしゅう)の 金曜日(きんようび)に 何(なに)を しましたか。

A : 髪(かみ)の毛(け)を 切(き)りました 。

1) Q : 先週(せんしゅう)の 月曜日(げつようび)に 何(なに)を しましたか。

A : ______________________________。

2) Q : 火曜日(かようび)は 何時(なんじ)に 起(お)きますか。

A : ______________________________。

3) Q : 金曜日(きんようび)に 何(なに)を しますか。

A : ______________________________。

¶ 6과를 열심히 공부했습니까?

☐ 매우 그렇지 않다 ☐ 그렇지 않다 ☐ 보통이다 ☐ 그렇다 ☐ 매우 그렇다

¶ 어떤 부분이 학습에 도움이 되었습니까?

____

7

ポップコーンは おいしかったです。

先生(せんせい)は 背(せ)が **高(たか)いです。**

선생님은 키가 큽니다.

明日(あした)は **寒(さむ)いですか。**

내일은 춥습니까?

暑(あつ)い	덥다	寒(さむ)い	춥다
大(おお)きい	크다	小(ちい)さい	작다
多(おお)い	많다	少(すく)ない	적다
高(たか)い	높다	低(ひく)い	낮다
高(たか)い	비싸다	安(やす)い	싸다
長(なが)い	길다	短(みじか)い	짧다
いい	좋다	悪(わる)い	나쁘다
楽(たの)しい	즐겁다	おもしろい	재미있다
やさしい	쉽다, 상냥하다	難(むずか)しい	어렵다

これは **おいしいケーキ**(けーき)です。

이것은 맛있는 케이크입니다.

足(あし)が **短(みじか)い犬(いぬ)**です。

다리가 짧은 개입니다.

1. い형용사 + 명사

뜻 ______________________________

활용 ______________________________

예1 冷(つめ)たいコーヒー(こーひー)を 飲(の)みます。

예2 彼(かれ)は いい人(ひと)です。

예3 Q : いちばん 忙(いそが)しい日(ひ)は 何曜日(なんようび)ですか。

A : 月曜日(げつようび)です。

예4 Q : いちばん おもしろい番組(ばんぐみ)は 何(なん)ですか。

A : ニュース(にゅーす)です。

冷たい・つめたい 차갑다

コーヒー・こーひー 커피

飲む・のむ 마시다

いちばん 가장, 제일

忙しい・いそがしい 바쁘다

日・ひ 날

番組・ばんぐみ 방송 프로그램

ニュース・にゅーす 뉴스

この 料理(りょうり)は 辛(から)いですか。

이 음식은 맵습니까?

はい、 네,	とても 매우 少(すこ)し 조금	辛(から)いです。 매워요.
いいえ、 아니요,	あまり 그다지 全然(ぜんぜん) 전혀	辛(から)**くありません**。 맵지 않아요.

1. い형용사의 부정형

뜻 ______________________

활용 ______________________

¶ いい의 부정은 よくありません입니다.

¶ い형용사의 부정형인 ～くありません은 ～くないです와 같은 뜻이지만, ～くありません이 더 정중한 표현입니다.

仕事・しごと 일
速い・はやい 빠르다
遅い・おそい 느리다, 늦다
近い・ちかい 가깝다
遠い・とおい 멀다
怖い・こわい 무섭다
成績・せいせき 성적

예 1 Q : 彼女(かのじょ)は 仕事(しごと)が 速(はや)いですか。

A : いいえ、速(はや)くありません。とても 遅(おそ)いです。

예 2 Q : あの 先生(せんせい)は 怖(こわ)いですか。

A : いいえ、全然(ぜんぜん) 怖(こわ)くありません。

예 3 Q : 私(わたし)は あまり 成績(せいせき)が よくありません。

A : あなたもですか。

私(わたし)は 昔(むかし)、 明(あか)るかったです。

저는 옛날에 (성격이) 밝았습니다.

暗(くら)くありませんでした。

어둡지 않았습니다.

1. い형용사의 과거형

뜻 ____________________

활용 ____________________

2. い형용사의 과거부정형

뜻 ____________________

활용 ____________________

¶ いい의 과거형은 よかったです, 과거 부정형은 よくありませんでした입니다.

¶ ～くありませんでした는 ～くなかったです와 같은 뜻이지만,
～くありませんでした가 더 정중한 표현입니다.

試験・しけん 시험
合コン・ごうこん 미팅
性格・せいかく 성격

예1 Q：試験(しけん)は どうでしたか。
A：とても 難(むずか)しかったです。

예2 Q：辛(から)くありませんでしたか。
A：少(すこ)し 辛(から)かったです。

예3 Q：合(ご)コン(こん)は 楽(たの)しかったですか。
A：全然(ぜんぜん)！

예4 Q：私(わたし)は 昔(むかし)、性格(せいかく)は よかったですよ。
A：性格(せいかく)が… ですか！

ジョン(じょん)：新(あたら)しい映画館(えいがかん)は どうでしたか。
정：새 영화관은 어땠어요?

渡辺(わたなべ)：よかったですよ。
와타나베：좋았어요.

ジョン(じょん)：チケット(ちけっと)は 高(たか)くありませんでしたか。
정：표는 안 비쌌어요?

渡辺(わたなべ)：チケット(ちけっと)は 高(たか)くありませんでしたが、
와타나베：표는 안 비쌌지만,

ポップコーン(ぽっぷこーん)は 高(たか)かったです。
팝콘은 비쌌어요.

でも、おいしかったですよ。
그래도, 맛있었어요.

種類(しゅるい)も 多(おお)かったです。
종류도 많았어요.

ジョン(じょん)：そうですか。で、映画(えいが)は どうでしたか。
정：그래요? 그런데, 영화는 어땠어요?

渡辺(わたなべ)：全然(ぜんぜん) おもしろくない映画(えいが)でした。
와타나베：완전 재미없는 영화였어요.

↑ MP3로 들어보세요

新しい・あたらしい 새롭다
映画館・えいがかん 영화관
チケット・ちけっと 티켓, 표
ポップコーン・ぽっぷこーん 팝콘
種類・しゅるい 종류

학번 :	이름 :

1. 다음 대화를 완성하세요.

1) Q : この 映画(えいが)は おもしろいですか。

A : はい、(おもしろい →)。

2) Q : この 映画(えいが)も おもしろいですか。

A : いいえ、あまり (おもしろい →)。

3) Q : 明日(あした)は 天気(てんき)が いいですか。

A : いいえ、(いい →)。

4) Q : バナナ(ばなな)は 昔(むかし)、安(やす)かったですか。

A : いいえ、(安(やす)い →)。

(高(たか)い →)。

2. 문장 안의 한국어를 일본어로 바꾸세요.

1) アイスクリーム(あいすくりーむ)は (맛있습니다 →)。

2) この 料理(りょうり)は (맵지 않습니다 →)。

3) お酒(さけ)は 体(からだ)に (좋지 않습니다 →)。

4) とても (재미있는 수업입니다 →)。

5) 彼女(かのじょ)は 昔(むかし)、髪(かみ)の毛(け)が (길었습니다 →)。

6) 試験(しけん)は 全然(ぜんぜん) (어렵지 않았습니다 →)。

天気・てんき 날씨
バナナ・ばなな 바나나
アイスクリーム・あいすくりーむ 아이스크림
体・からだ 몸

3. **지금 당신은 어떤가요? 예와 같이 문장을 만들어 보세요.**

예 性格(せいかく)が 明(あか)るいです。	ぜんぜん	**あまり**	すこし	とても

→ 性格(せいかく)が あまり 明(あか)るく ありません。

1) 目(め)が いいです。	ぜんぜん	あまり	すこし	とても

→ ______________________

2) 髪(かみ)の毛(け)が 短(みじか)いです。	ぜんぜん	あまり	すこし	とても

→ ______________________

3) 背(せ)が 高(たか)いです。	ぜんぜん	あまり	すこし	とても

→ ______________________

4. **고등학교 때 당신은 어땠나요? 예와 같이 문장을 만들어 보세요.**

예 性格(せいかく)が 明(あか)るかったです。	ぜんぜん	あまり	すこし	**とても**

→ 性格(せいかく)が とても 明(あか)るかったです。

1) 目(め)が よかったです。	ぜんぜん	あまり	すこし	とても

→ ______________________

2) 髪(かみ)の毛(け)が 短(みじか)かったです。	ぜんぜん	あまり	すこし	とても

→ ______________________

3) 背(せ)が 高(たか)かったです。	ぜんぜん	あまり	すこし	とても

→ ______________________

目・め 눈

¶ 7과를 열심히 공부했습니까?

☐ 매우 그렇지 않다 ☐ 그렇지 않다 ☐ 보통이다 ☐ 그렇다 ☐ 매우 그렇다

¶ 어떤 부분이 학습에 도움이 되었습니까?

____

8

これは 有名（ゆうめい）な ブランド（ぶらんど）です。

今(いま)、暇(ひま)ですか。

지금, 한가하세요?

はい、暇(ひま)です。

네, 한가해요.

便利(べんり)(だ)	편리하다	不便(ふべん)(だ)	불편하다
親切(しんせつ)(だ)	친절하다	不親切(ふしんせつ)(だ)	불친절하다
にぎやか(だ)	번화하다	静(しず)か(だ)	조용하다
ハンサム(はんさむ)(だ)	잘생겼다	きれい(だ)	예쁘다, 깨끗하다
元気(げんき)(だ)	씩씩하다, 건강하다	有名(ゆうめい)(だ)	유명하다
だめ(だ)	안 된다	大丈夫(だいじょうぶ)(だ)	괜찮다
派手(はで)(だ)	화려하다	地味(じみ)(だ)	수수하다
ルーズ(るず)(だ)	느슨하다	ロマンチック(ろまんちっく)(だ)	로맨틱하다

渋谷(しぶや)は **有名(ゆうめい)なところ**です。

시부야는 유명한 곳입니다.

渋谷(しぶや)**より** 原宿(はらじゅく)**の方(ほう)が** にぎやかです。

시부야보다 하라쥬쿠 쪽이 번화합니다.

---

1. な형용사 + 명사

뜻

활용

2. 명사Aより 명사B の方が

뜻

활용

部屋・へや 방

方・ほう 쪽, 편

예 1 山下(やました)さんは 元気(げんき)な人(ひと)です。

예 2 きれいな部屋(へや)ですね。

예 3 Q : 地下鉄(ちかてつ)は バス(ばす)より 便利(べんり)ですか。

A : いいえ、バス(ばす)の方(ほう)が 便利(べんり)です。

예 4 Q : 田中(たなか)さんは 山下(やました)さんより きれいですか。

A : はい、山下(やました)さんより 田中(たなか)さんの方(ほう)が きれいです。

私(わたし)の 部屋(へや)は きれいじゃありません。

내 방은 깨끗하지 않습니다.

Q : 仕事(しごと)は 大変(たいへん)でしたか。

일은 힘들었습니까?

A : いいえ、あまり 大変(たいへん)じゃありませんでした。

아니요, 그다지 힘들지 않았습니다.

---

1. な형용사의 부정형

뜻 ______________________________

활용 ______________________________

2. な형용사의 과거형

뜻 ______________________________

활용 ______________________________

3. な형용사의 과거부정형

뜻 ______________________________

활용 ______________________________

예1 Q : 彼(かれ)は ハンサム(はんさむ)ですか。

A : いいえ、ハンサム(はんさむ)じゃありません。

예2 Q : その 店(みせ)は どうでしたか。

A : とても にぎやかでした。

예3 Q : その 店(みせ)は 親切(しんせつ)でしたか。

A : いいえ、全然(ぜんぜん) 親切(しんせつ)じゃありませんでした。

私(わたし)は 山下(やました)さんが 好(す)きです / 嫌(きら)いです。

저는 야마시타 씨를 좋아합니다 / 싫어합니다.

彼(かれ)は 歌(うた)が 上手(じょうず)です / 下手(へた)です。

그는 노래를 잘합니다 / 못합니다.

---

1. ～が 好き(だ) / 嫌い(だ)

뜻 ______________________

용법 ______________________

2. ～が 上手(だ) / 下手(だ)

뜻 ______________________

용법 ______________________

スポーツ・すぽーつ 스포츠, 운동
野球・やきゅう 야구
納豆・なっとう 낫또
大好き(だ)・だいすき(だ) 매우 좋아하다
絵・え 그림
音楽・おんがく 음악
ピアノ・ぴあの 피아노

예1 Q : どんな スポーツ(すぽつ)が 好(す)きですか。
A : 野球(やきゅう)が 好(す)きです。

예2 Q : 納豆(なっとう)が 嫌(きら)いですか。
A : いいえ、大好(だいす)きです。

예3 Q : 彼(かれ)は 絵(え)が 上手(じょうず)ですか。
A : いいえ、上手(じょうず)じゃ ありません。

¶ 勉強(べんきょう)・スポーツ(すぽつ)・音楽(おんがく)が 上手(じょうず)です / 下手(へた)です。(×)
日本語(にほんご)・野球(やきゅう)・ピアノ(ぴあの)が 上手(じょうず)です / 下手(へた)です。(○)

↑ MP3로 들어보세요

山田(やまだ)：シン(しん)さん、この ダイアリー(だいあり)は どうですか。
야마다： 신 상, 이 다이어리는 어때요?

シン(しん)：うーん…
신： 음…

この ダイアリー(だいあり)より あれの 方(ほう)が よくありませんか。
이 다이어리보다 저쪽이 좋지 않나요?

山田(やまだ)：これの 方(ほう)が 安(やす)いですよ。それに 便利(べんり)です。
야마다： 이쪽이 싸요. 게다가 편리해요.

これは 有名(ゆうめい)な ブランド(ぶらんど)ですよ。
이건 유명한 브랜드에요.

シン(しん)：そうですね。山田(やまだ)さんは 買(か)い物(もの)が 上手(じょうず)ですね。
신： 그렇네요. 야마다 상은 쇼핑을 참 잘하네요.

山田(やまだ)：いいえ、上手(じょうず)じゃ ありませんよ。
야마다： 아니에요. 잘 못 해요.

買(か)い物(もの)が 好(す)きな だけですよ。
쇼핑을 좋아하는 것뿐이에요.

ダイアリー・だいありー 다이어리

ブランド・ぶらんど 브랜드

買い物・かいもの 쇼핑

だけ 뿐, 만

학번 :	이름 :

1. 다음 대화를 완성하세요.

1) Q : 交通(こうつう)が 便利(べんり)ですか。

A : はい、(便利(べんり) →)。

2) Q : 空気(くうき)が きれいですか。

A : いいえ、(きれい →)。

3) Q : ダンス(だんす)は どうですか。

A : 昔(むかし)は (上手(じょうず) →)。

でも、今(いま)は (下手(へた) →)。

4) Q : 彼(かれ)は どうですか。

A : とても (親切(しんせつ) →) 人(ひと)です。

2. 문장 안의 한국어를 일본어로 바꾸세요.

1) A : あ、痛(いた)い !

B : (괜찮아요? →)。

A : はい、(괜찮아요 →)。

2) 私(わたし)の 友(とも)だちの 金(きむ)さんは

(일본어를 잘합니다 →)。

3) 彼女(かのじょ)は (요리를 좋아합니다 →)。

4) バス(ばす)(보다 →)

地下鉄(ちかてつ)(쪽이 빠릅니다 →)。

交通・こうつう 교통
空気・くうき 공기
ダンス・だんす 댄스, 춤
痛い・いたい 아프다

3. 지금 당신은 어떤가요? 예와 같이 문장을 만들어 보세요.

예 スポーツが 好(す)きです。	ぜんぜん	あまり	すこし	**とても**

→ スポーツが とても 好(す)きです。

1) 買(か)い物(もの)が 好(す)きです。	ぜんぜん	あまり	すこし	とても

→ ______________________________

2) うそが 上手(じょうず)です。	ぜんぜん	あまり	すこし	とても

→ ______________________________

3) 部屋(へや)は きれいです。	ぜんぜん	あまり	すこし	とても

→ ______________________________

4. 고등학교 때 당신은 어땠나요? 예와 같이 문장을 만들어 보세요.

예 スポーツが 好(す)きでした。	ぜんぜん	**あまり**	すこし	とても

→ スポーツが あまり 好(す)きじゃありませんでした。

1) 買(か)い物(もの)が 好(す)きでした。	ぜんぜん	あまり	すこし	とても

→ ______________________________

2) うそが 上手(じょうず)でした。	ぜんぜん	あまり	すこし	とても

→ ______________________________

3) 部屋(へや)は きれいでした。	ぜんぜん	あまり	すこし	とても

→ ______________________________

うそ 거짓말

¶ 8과를 열심히 공부했습니까?

☐ 매우 그렇지 않다　☐ 그렇지 않다　☐ 보통이다　☐ 그렇다　☐ 매우 그렇다

¶ 어떤 부분이 학습에 도움이 되었습니까?

____

9

スイスは　行きますが、ドイツは　行きません。

サンドイッチ(さんどいっち)は 安(やす)くて おいしいです。

샌드위치는 싸고 맛있습니다.

サンドイッチ(さんどいっち)は 便利(べんり)で 楽(らく)です。

샌드위치는 편리하고 편합니다.

1. い형용사 + 형용사

뜻 ____________________

활용 ____________________

¶ **‘安(やす)くて好(す)きです’처럼 이유나 원인을 나타내기도 합니다.**

ノートブック・のーとぶっく 노트북

軽い・かるい 가볍다

2. な형용사 + 형용사

뜻 ____________________

활용 ____________________

¶ **‘ハンサム(はんさむ)で好(す)きです’처럼 이유나 원인을 나타내기도 합니다.**

예 1 この ノートブック(のーとぶっく)は 軽(かる)くて 安(やす)いです。

예 2 先生(せんせい)は おもしろくて 親切(しんせつ)です。

예 3 Q : この 部屋(へや)は どうですか。

A : 明(あか)るくて 駅(えき)から 近(ちか)いです。

私(わたし)は 韓国人(かんこくじん)**で**、あの人(ひと)は 日本人(にほんじん)です。

저는 한국 사람이고, 저 사람은 일본 사람입니다.

1. 명사1 + で, 명사2です

뜻 ____________________________________

용법 ____________________________________

예 1 これは 私(わたし)ので、あれは 友(とも)だちのです。

예 2 最初(さいしょ)は サラダ(さらだ)で、最後(さいご)は アイスクリーム(あいすくりーむ)です。

예 3 Q : 会話(かいわ)の テスト(てすと)、どうでしたか。

A : 一回目(いっかいめ)は 60点(てん)で、二回目(にかいめ)は 90点(てん)でした。

예 4 Q : 旅行(りょこう)は どこへ 行(い)きますか。

A : 今週(こんしゅう)は イタリア(いたりあ)で、来週(らいしゅう)は スイス(すいす)です。

最初・さいしょ 처음
サラダ・さらだ 샐러드
最後・さいご 마지막
会話・かいわ 회화
テスト・てすと 테스트
(숫자+)回・かい (숫자) 번, 회
(숫자+)目・め (숫자) 째
点・てん 점
旅行・りょこう 여행
イタリア・いたりあ 이탈리아
スイス・すいす 스위스

この頃(ごろ)、寒(さむ)**く なりました**。

요즘 추워졌습니다.

彼女(かのじょ)が きれい**に なりました**。

그녀가 예뻐졌습니다.

---

1. い형용사 + く なる

뜻 ______________________

활용 ______________________

2. な형용사 + に なる

뜻 ______________________

활용 ______________________

最近・さいきん 최근
急に・きゅうに 갑자기
あやしい 수상하다
眠い・ねむい 졸리다

예1 最近(さいきん) 忙(いそが)しく なりました。

예2 あの人(ひと)、急(きゅう)に 親切(しんせつ)に なりました。あやしいですよ。

예3 A : どうしたんですか。
B : 急(きゅう)に 眠(ねむ)く なりました。
A : 大丈夫(だいじょうぶ)ですか。

私(わたし)は 犬(いぬ)が 好(す)きです**が**、妹(いもうと)は 猫(ねこ)が 好(す)きです。

나는 개를 좋아하지만, 여동생은 고양이를 좋아합니다.

兄(あに)は 昔(むかし)、背(せ)が 低(ひく)かったです**が**、今(いま)は 背(せ)が 高(たか)くなりました。

형(오빠)은 옛날에 키가 작았지만, 지금은 키가 커졌습니다.

---

1. 접속의 조사 が

뜻 ______________________________

활용 ______________________________

漢字・かんじ 한자

ダイエット・だいえっと 다이어트

~中・~ちゅう ~중

席・せき 자리

예 1 この 店(みせ)の コーヒー(こひ)は おいしいですが、少(すこ)し 高(たか)いです。

예 2 日本語(にほんご)は やさしいですが、漢字(かんじ)は 難(むずか)しいです。

예 3 ダイエット中(だいえっとちゅう)ですが、ケーキ(けき)は 食(た)べました。

예 4 映画館(えいがかん)へ 行(い)きましたが、席(せき)が ありませんでした。

ジョン(じょん)：冬休(ふゆやす)みは どこへ 行(い)きますか。

정：겨울방학에는 어디에 가세요?

渡辺(わたなべ)：姉(あね)が イギリス(いぎりす)に います。留学中(りゅうがくちゅう)です。

와타나베：누나가 영국에 있어요. 유학 중입니다.

それで ヨーロッパ(よーろっぱ)に 行(い)きます。

그래서 유럽에 가요.

ジョン(じょん)：いいですね。ヨーロッパ(よーろっぱ)の どこへ 行(い)きますか。

정：좋네요. 유럽 어디에 가세요?

渡辺(わたなべ)：最初(さいしょ)は イギリス(いぎりす)で、次(つぎ)に フランス(ふらんす)へ 行(い)きます。

와타나베：처음에는 영국이고, 다음에 프랑스에 가요.

ジョン(じょん)：ドイツ(どいつ)にも 行(い)きますか。

정：독일에도 가요?

渡辺(わたなべ)：いいえ、ドイツ(どいつ)は 行(い)きませんが、スイス(すいす)は 行(い)きます。

와타나베：아니요. 독일은 안 가지만, 스위스는 가요.

ジョン(じょん)：飛行機(ひこうき)は 高(たか)くありませんか。

정：비행기는 안 비싸요?

渡辺(わたなべ)：高(たか)いですが、夏(なつ)よりは 冬(ふゆ)の 方(ほう)が 安(やす)いです。

와타나베：비싸지만, 여름보다는 겨울(쪽)이 싸요.

↑ MP3로 들어보세요

冬・ふゆ 겨울
休み・やすみ 방학, 휴가
イギリス・いぎりす 영국
留学・りゅうがく 유학
それで 그래서
ヨーロッパ・よーろっぱ 유럽
次・つぎ 다음
フランス・ふらんす 프랑스
ドイツ・どいつ 독일
夏・なつ 여름

학번 :	이름 :

1. 다음 단어 또는 문장을 연결하세요.

1) 安(やす)い ＋ おいしい → ____________________

2) 便利(べんり)(だ) ＋ 楽(らく)(だ) → ____________________

3) やさしい ＋ 元気(げんき)(だ) → ____________________

4) にぎやか(だ) ＋ 高(たか)い → ____________________

5) 彼(かれ)は 日本語(にほんご)の 先生(せんせい)です ＋ 彼女(かのじょ)は 英語(えいご)の 先生(せんせい)です

→ ______________________________。

2. 문장 안의 한국어를 일본어로 바꾸세요.

1) 私(わたし)の 友(とも)だちは 頭(あたま)が **좋고 친절합니다.**

→ ______________________________。

2) 夏(なつ)と 冬(ふゆ)が **길어졌습니다.**

→ ______________________________。

3) 買(か)い物(もの)が **편리해졌습니다.**

→ ______________________________。

4) 日本語(にほんご)は **어렵지만, 재미있습니다.**

→ ______________________________。

5) 私(わたし)は 刺身(さしみ)を よく **먹었지만, 지금은 먹지 않습니다.**

→ ______________________________。

楽(だ)・らく(だ) 편안하다
英語・えいご 영어
頭・あたま 머리
刺身・さしみ 회
よく 자주, 잘

3. 다음의 컬러렌즈의 특징을 활용하여 예와 같이 문장을 만드세요.

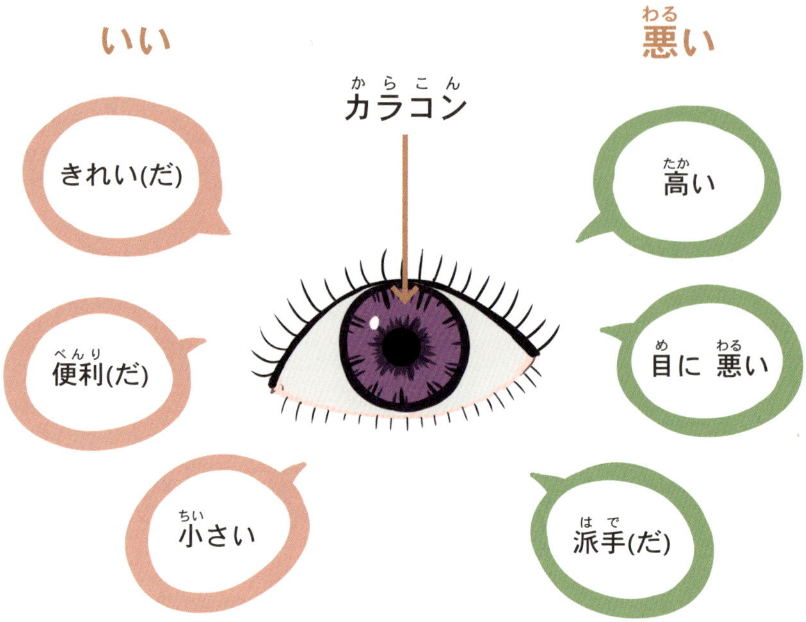

예 좋은 점 + 좋은 점

ちい
小さく (が・(て)・で) べんり です。

1) 안 좋은 점 + 안 좋은 점

__________ (が・て・で) __________ です。

2) 좋은 점 + 안 좋은 점

__________ (が・て・で) __________ です。

3) 안 좋은 점 + 좋은 점

__________ (が・て・で) __________ です。

カラコン・からこん
컬러 콘택트렌즈

¶ 9과를 열심히 공부했습니까?

☐ 매우 그렇지 않다 ☐ 그렇지 않다 ☐ 보통이다 ☐ 그렇다 ☐ 매우 그렇다

¶ 어떤 부분이 학습에 도움이 되었습니까?

____

10

いっしょに 映画(えいが)を 見(み)に 行(い)きませんか。

1. 동사의 활용

사전형		ます형	
1) 買(か)う	사다		ます
2) 会(あ)う	만나다		ます
3) 笑(わら)う	웃다		ます
4) 書(か)く	쓰다		ます
5) 急(いそ)ぐ	서두르다		ます
6) 話(はな)す	이야기하다		ます
7) 持(も)つ	들다, 가지다		ます
8) 待(ま)つ	기다리다		ます
9) 死(し)ぬ	죽다		ます
10) 遊(あそ)ぶ	놀다		ます
11) 休(やす)む	쉬다		ます
12) 飲(の)む	마시다		ます
13) 乗(の)る	타다		ます
14) 帰(かえ)る	돌아가다, 돌아오다		ます
15) 食(た)べる	먹다		ます
16) 見(み)る	보다		ます
17) する	하다		ます
18) 来(く)る	오다		ます

コーヒーを **飲(の)みながら** 話(はなし)を します。

커피를 마시면서 이야기를 합니다.

1. 동사 ます형 + ながら

뜻 ____________________

용법 ____________________

예1 音楽(おんがく)を 聞(き)きながら 勉強(べんきょう)します。

예2 ご飯(はん)を 食(た)べながら テレビを 見(み)ます。

예3 彼女(かのじょ)は カフェで 泣(な)きながら 話(はな)しました。

예4 Q : '歩(ある)きスマホ' の 意味(いみ)は 何(なん)ですか。
A : 歩(ある)きながら スマホを することです。

聞く・きく 듣다
勉強する・べんきょうする 공부하다
ご飯・ごはん 밥
テレビ・てれび TV
泣く・なく 울다
歩き・あるき 걷기, 걸음
意味・いみ 뜻, 의미
歩く・あるく 걷다
~こと ~것

週末(しゅうまつ)に 映画(えいが)が **見(み)たいです。**

주말에 영화를 보고 싶습니다.

でも、一人(ひとり)では **行(い)きたくありません。**

하지만, 혼자서는 가고 싶지 않습니다.

1. **동사 ます형 + たいです**

뜻 ______________________________

용법 ______________________________

¶ 회화체에서는 '~をたいです'를 사용하기도 합니다.

¶ 제3자의 희망은 '(ます형)+たがる'로 표현합니다.

2. **동사 ます형 + たく ありません**

뜻 ______________________________

용법 ______________________________

留学する・りゅうがくする 유학하다
将来・しょうらい 장래, 미래
すてき(だ) 근사하다
楽器・がっき 악기
習う・ならう 배우다
水・みず 물
~物・もの ~것
トッポッキ・とっぽっき 떡볶이

예1 有名(ゆうめい)な 大学(だいがく)に 留学(りゅうがく)したいです。

예2 将来(しょうらい)、すてきな 人(ひと)に 会(あ)いたいです。

예3 楽器(がっき)を 習(なら)いたいです。

예4 Q：何(なに)か 飲(の)みたくありませんか。
A：あ、お水(みず)、お願(ねが)いします。

예5 Q：辛(から)いもの、食(た)べたくありませんか。
A：いいですね。トッポッキ(とっぽっき)は どうですか。

週末、映画を 見に 行きます / 来ます。

주말에 영화를 보러 갑니다 / 옵니다.

新しいくつを 買いに 行きます / 来ます。

새 신발을 사러 갑니다 / 옵니다.

1. 동사 ます형 + に 行きます/来ます

뜻 ____________________

용법 ____________________

春・はる 봄
桜・さくら 벚꽃
うなぎ 장어
秋・あき 가을
栗・くり 밤
拾う・ひろう 줍다

예1 春(はる)は 桜(さくら)を 見(み)に 行(い)きます。

예2 夏(なつ)は うなぎを 食(た)べに 行(い)きます。

예3 秋(あき)は 栗(くり)を 拾(ひろ)いに 行(い)きます。

예4 冬(ふゆ)は スキー(すきー)を しに 来(き)ます。

예5 コンビニ(こんびに)へ お菓子(かし)を 買(か)いに 来(き)ます。

渡辺： 週末、いっしょに 映画を 見に 行きませんか。
와타나베： 주말에 같이 영화를 보러 가지 않을래요?

ジョン： どんな 映画ですか。
정： 어떤 영화에요?

渡辺： ホラーです。どうですか。今、人気ですよ。
와타나베： 호러에요. 어때요? 지금 인기 있어요.

ジョン： ホラーは あまり 見たく ありません。
정： 호러는 그다지 보고 싶지 않아요.

怖いのは ちょっと…
무서운 것은 좀...

渡辺： じゃ、何が いいですか。
와타나베： 그럼, 뭐가 좋아요?

ジョン： SFファンタジーは どうですか。
정： SF판타지는 어때요?

渡辺： いいですよ。じゃ、行きましょう。
와타나베： 좋아요. 그럼, 갑시다.

↑ MP3로 들어보세요

どんな 어떤
ホラー・ほらー 호러, 공포 장르
人気・にんき 인기
ちょっと 조금
ファンタジー・ふぁんたじー 판타지

학번 :	이름 :

1. (　　) 안의 동사를 알맞게 활용하세요.

1) 金(きむ)： 田中(たなか)さんは 日曜日(にちようび)に 何(なに)を しますか。

田中(たなか)： 韓国(かんこく)の ドラマ(どらま)を (見(み)る→　　　　)ながら 韓国語(かんこくご)を 勉強(べんきょう)します。

金(きむ)さんは？

金(きむ)： 私(わたし)は 公園(こうえん)を (歩(ある)く→　　　　　)ながら ダイエット(だいえっと)を します。

2) Q：夏休(なつやす)みに 何(なに)が (する→　　　　　　)たいですか。

A：日本(にほん)へ (行(い)く→　　　　　　)たいです。

3) Q：これ、(買(か)う→　　　　　　)たいですか。

A：いいえ、(買(か)う→　　　　　　　　　)ありません。高(たか)いです。

2. 문장 안의 한국어를 일본어로 바꾸세요.

1) 私(わたし)たちは 웃으면서 이야기했습니다.

→ ____。

2) 昨日(きのう)も 待(ま)ちました。今日(きょう)は 기다리고 싶지 않습니다.

→ ____。

3) 日本語(にほんご)が 잘하고 싶습니다.

→ ____。

4) 明日(あした)、新(あたら)しい スマホ(すまほ)を 사러 갑니다(갈 겁니다).

→ ____。

韓国語・かんこくご

한국어

3. 예와 같이 아래의 동작을 사용하여 대화를 완성하세요.

- 部屋(へや)の 掃除(そうじ)を する
- 音楽(おんがく)を 聞(き)く
- 本(ほん)を 読(よ)む
- メール(めーる)を 書(か)く
- コーヒー(こーひー)を 飲(の)む

1) ________________ ながら ________________。

2) ________________ ながら ________________。

掃除・そうじ 청소
メール・めーる 메일

¶ 10과를 열심히 공부했습니까?

☐ 매우 그렇지 않다 ☐ 그렇지 않다 ☐ 보통이다 ☐ 그렇다 ☐ 매우 그렇다

¶ 어떤 부분이 학습에 도움이 되었습니까?

____

11

プレゼント、何が ほしいですか。

新(あたら)しいスマホ(すまほ)が ほしいです。

새 스마트폰을 갖고 싶습니다.

これを ください。

이것을 주세요.

---

1. 명사 + が ほしい

뜻 ______________________________

용법 ______________________________

時間・じかん 시간
お金・おかね 돈
愛・あい 사랑

2. 명사 + を ください

뜻 ______________________________

용법 ______________________________

예 1 Q : 何(なに)が いちばん ほしいですか。

A1 : 時間(じかん)が ほしいです。時間(じかん)を ください。

A2 : お金(かね)が ほしいです。お金(かね)を ください。

A3 : 愛(あい)が ほしいです。愛(あい)を ください。

A4 : 何(なに)も ほしく ありません。

1. 1그룹 동사의 て형

특징 ______________________________

____

____

____

예외동사 ______________________________

____

2. 2그룹 동사의 て형

특징 ______________________________

____

____

3. 3그룹 동사의 て형

특징 ______________________________

____

____

4. 3그룹 동사의 활용

사전형	て형	
1) する 하다		て
2) 来(く)る 오다		て

5. 2그룹 동사의 활용

사전형			て형
1)	食(た)べる	먹다	て
2)	見(み)る	보다	て
3)	寝(ね)る	자다	て
4)	起(お)きる	일어나다	て

6. 1그룹 동사의 활용

사전형			て형
1)	書(か)く	쓰다	て
2)	急(いそ)ぐ	서두르다	て
3)	会(あ)う	만나다	て
4)	買(か)う	사다	て
5)	持(も)つ	들다, 가지다	て
6)	乗(の)る	타다	て
7)	死(し)ぬ	죽다	で
8)	休(やす)む	쉬다	で
9)	遊(あそ)ぶ	놀다	で
10)	話(はな)す	이야기하다	て
11)	帰(かえ)る	돌아가다, 돌아오다	て
12)	行(い)く	가다	て

レポート(れぽと)を 書(か)いて ください。

리포트를 써 주세요.

宿題(しゅくだい)を 出(だ)して ください。

숙제를 제출해 주세요.

---

1. 동사 て형 + ください

뜻 ____________________

용법 ____________________

¶ 한국어와 달리 그다지 공손하지 않은 표현이므로 사용에 주의해야 합니다.

皆さん・みなさん 여러분
早く・はやく 빨리
答える・こたえる 답하다
教科書・きょうかしょ 교과서
開ける・あける 열다, 펼치다
さっさと 빨리빨리

예1 皆(みな)さん、私(わたし)を 見(み)て ください。

예2 早(はや)く 答(こた)えて ください。

예3 教科書(きょうかしょ)を 開(あ)けて ください。

예4 いっしょに 話(はな)して ください。

예5 さっさと 帰(かえ)って ください。

渡辺(わたなべ)： 誕生日(たんじょうび)の プレゼント(ぷれぜんと)、何(なに)が ほしいですか。
와타나베 : 생일 선물, 뭘 갖고 싶어요?

ジョン(じょん)： 車(くるま)が ほしいです。
정 : 차를 갖고 싶어요.

渡辺(わたなべ)： え!?
와타나베 : 에!?

ジョン(じょん)： 冗談(じょうだん)です。ドライブ(どらいぶ)が したいです。
정 : 농담이에요. 드라이브를 하고 싶어요.

渡辺(わたなべ)： ああ、いいですね。分(わ)かりました。
와타나베 : 아아, 좋네요. 알겠습니다.

どこに 行(い)きたいですか。
어디에 가고 싶어요?

ジョン(じょん)： そうですね。うーん。
정 : 글쎄요. 음...

渡辺(わたなべ)： じゃ、僕(ぼく)に 任(まか)せて ください。
와타나베 : 그럼, 저에게 맡겨 주세요.

ジョン(じょん)： じゃ、お願(ねが)いします。
정 : 그럼, 부탁할게요.

↑ MP3로 들어보세요

車・くるま 차, 자동차
冗談・じょうだん 농담
分かる・わかる 알다, 이해하다
僕・ぼく (남자의 자칭) 나, 저
任せる・まかせる 맡기다

학번 : | 이름 :

1. 다음 동사에 'て' 또는 'で'를 접속하세요.

1) 書(か)く : ____________ 2) 会(あ)う : ____________

3) 持(も)つ : ____________ 4) 乗(の)る : ____________

5) 休(やす)む : ____________ 6) 遊(あそ)ぶ : ____________

7) 急(いそ)ぐ : ____________ 8) 話(はな)す : ____________

9) 食(た)べる : ____________ 10) する : ____________

11) 来(く)る : ____________

2. 다음을 일본어로 바꾸세요.

1) 태블릿PC를 갖고 싶습니다.

→ ____________________________

2) 시간이 있었으면 좋겠습니다.

→ ____________________________

3) 여기에서 기다려 주세요.

→ ____________________________

4) 일본어로 이야기해 주세요.

→ ____________________________

5) 저와 함께 가 주세요.

→ ____________________________

タブレットPC・
たぶれっとPC 태블릿 PC

3. 그림을 보고 예와 같이 문장을 만드세요.

教える・おしえる 가르치다
ふた 뚜껑
塩・しお 소금
取る・とる 집다
ソファー・そふぁー 소파
座る・すわる 앉다

예 ケイタイの番号・教える → すみません。ケイタイの番号を 教えてください。

1) ふた・開ける
→ すみません。________________

2) 塩・取る
→ すみません。________________

3) 少し・待つ
→ すみません。________________

4) ソファー・座る
→ すみません。________________

¶ 11과를 열심히 공부했습니까?

☐ 매우 그렇지 않다 ☐ 그렇지 않다 ☐ 보통이다 ☐ 그렇다 ☐ 매우 그렇다

¶ 어떤 부분이 학습에 도움이 되었습니까?

____

12

日本(にほん)へ 行(い)きましょう。

다음은 모리야마 유우키의 자기소개서입니다. 어떤 것을 소개하고 있는지 읽어봅시다.

이름	森山(もりやま)ゆうき
소속	日本(にほん)の北海大学(ほっかいだいがく)、2年生(ねんせい)
출신지	北海道(ほっかいどう)　札幌市(さっぽろし)
취미	スキー(すき)
좋아하는 음식	ラーメン(らめん)、蟹(かに)
좋아하는 것	旅行(りょこう)、アニメ(あにめ)
앞으로 하고 싶은 것	世界(せかい)のおいしいものをたくさん食(た)べたい

蟹・かに 게
アニメ・あにめ 애니메이션
世界・せかい 세계
たくさん 많이
趣味・しゅみ 취미
食べ物・たべもの 음식

はじめまして。

森山(もりやま)ゆうきです。

日本(にほん)の北海大学(ほっかいだいがく)の2年生(ねんせい)です。

北海道(ほっかいどう)の札幌市(さっぽろし)から来(き)ました。

趣味(しゅみ)はスキー(すき)です。

好(す)きな食(た)べ物(もの)はラーメン(らめん)と蟹(かに)、好(す)きなものは旅行(りょこう)とアニメ(あにめ)です。

将来(しょうらい)、世界(せかい)のおいしいものをたくさん食(た)べたいです。

よろしくお願(ねが)います。

옆 페이지의 내용을 참고로 표를 완성하고, 자기소개서를 써봅시다.

이름	
소속	
출신지	
취미	
좋아하는 음식	
좋아하는 것	
앞으로 하고 싶은 것	

기본적인 일본어 인사말 :

일본인의 집을 방문했을 때는 다음과 같은 인사말을 사용하세요.

현관(대문) 앞에서 집 안에 들어갈 때	ごめんください。
신발을 벗고 실내에 들어갈 때	お邪魔(じゃま)します。
집에서 나올 때	お邪魔(じゃま)しました。

식사할 때는 다음과 같은 인사말을 사용하세요.

식사하기 전에	いただきます。
식사를 마친 후에	ごちそうさまでした。

축하 인사를 주고 받을 때는 다음과 같은 인사말을 사용하세요.

축하 인사를 할 때	おめでとう(ございます)。
축하 인사를 받았을 때	ありがとうございます。

단계별 일본어 인사말 :

1) 감사 표현

どうも

ありがとう

ありがとうございます

どうも、ありがとうございます

2) 사죄 표현

ごめん・わるい

ごめんなさい

すみません

申(もう)し訳(わけ)ありません

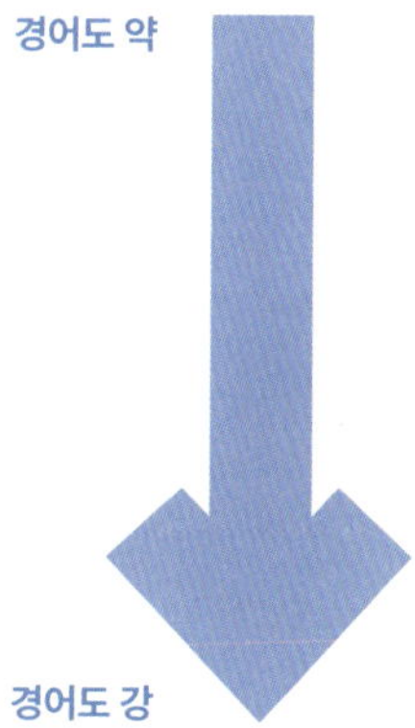

¶ 일본 사람을 처음 만났을 때 '이건' 물어보면 안 돼요 :

상대방의 나이나 부모님의 직업 및 수입, 사는 지역이나 주택의 형태, 신장이나 체중처럼 신체에 관한 것 등 개인정보에 관해 물어보는 것은 친분을 쌓은 후에 조심스럽게 질문합시다.

다음은 일본의 생활 매너에 관한 그림입니다. 잘 보고 어떤 부분이 매너에 어긋나는지 생각 해 봅시다.

해설과 정답 / 과별 어휘

제 1 과

028

1. 조사 は

뜻 : ~은/는

용법 : 주어나 주제를 나타낸다.

2. です

뜻 : ~입니다

용법 : 문장 전체를 공손한 표현이 되게 한다.

3. (です)か

뜻 : ~입니까

용법 : 공손한 표현의 의문문을 만든다.

—

029

1. 조사 の

뜻 : ~(의), ~에 속한, ~인

용법 : 소유, 소속, 속성, 동격 등을 나타낸다.

2. じゃ ありません

뜻 : ~이/가 아닙니다

용법 : 공손한 표현의 부정문을 만든다.

—

030

1. この・その・あの・どの

뜻 : 이, 그, 저, 어느

용법 : 명사 앞에 위치하여 그 명사와 화자(또는 청자)와의 거리에 따라 구별할 때 사용한다.

2. 何

뜻 : 무엇

용법 : 대상이 되는 사물의 정체를 모를 때 그것을 화제로 하는 의문문을 만든다.

—

031

1. これ・それ・あれ・どれ

뜻 : 이것, 그것, 저것, 어느 것

용법 : 화자 또는 청자와의 거리에 따라 구별해 사물을 가리키는 표현이다.

2. 誰

뜻 : 누구

용법 : 대상이 되는 사람의 정체를 모를 때 그것을 화제로 하는 의문문을 만든다.

3. 명사 + の + です(か)

뜻 : ~의 것입니다(입니까)

용법 : 'の' 뒤에 오는 구체적인 명사를 생략하고 그 명사를 대신하는 역할을 한다.

—

033

1. 1) は

2) Q : の / A : じゃありません(=では ありません)

3) これ

2. 1) Q : の / A : の

2) Q : 何の / A : の

3) Q : この, の / A : の

3. 1) 東京大学じゃありません(=ではありません)。東京の大学です。

제 2 과

036

1. 조사 が

뜻 : ~이/가

용법 : 주어임을 나타낸다.

2. あります/ありません

뜻 : 있습니다/없습니다

용법 : 사물이나 식물의 존재/부재를 나타내는 공손한 표현이다.

3. 조사 も

뜻 : ~도

용법 : 부가적으로 언급할 때에 사용한다

—

037

1. います/いません

뜻 : 있습니다/없습니다

용법 : 사람이나 동물의 존재/부재를 나타내는 공손한 표현이다.

—

038

1. 조사 に

뜻 : ~에

용법 : 존재하는 장소나 위치를 나타낸다.

2. 조사 と

뜻 : ~와/과

용법 : 두 가지 이상을 열거할 때에 사용한다.

—

039

1. ここ・そこ・あそこ・どこ

뜻 : 여기/이곳, 거기/그곳, 저기/저곳, 어디/어느 곳

용법 : 장소를 화자(또는 청자)와의 거리에 따라 구별해 가리킬 때 사용한다.

—

041

1. 1) が　2) に, あります　3) います　4) ありません

2. 1) と　2) どこ　3) Q : どこ, います / A : います

제 3 과

044

4, 7, 9는 읽는 방법이 두 가지씩 있으므로 주의가 필요하다.

—

045

1. 숫자 + 個

뜻 : ~개

용법 : 사물을 세는 단위로 가늘고 긴 것, 얇고 평평한 것을 제외한 경우에 사용한다.

—

046

1. 숫자 + 人

뜻 : ~사람/명

용법 : 사람을 세는 단위이다.

—

047

1. 숫자 + 台

뜻 : ~대

용법 : 가전제품이나 자동차, 악기 등을 세는 단위이다.

2. 숫자 + 枚

뜻 : ~장

용법 : 종이나 셔츠 등 얇고 평평한 것을 세는 단위이다.

3. 숫자 + 本

뜻 : ~자루, ~그루, ~송이 등

용법 : 연필이나 나무, 꽃송이 등 가늘고 긴 것을 세는 단위이다.

4. 숫자 + 階

뜻 : ~층

용법 : 층을 세는 단위이다.

—

049

1. 1) ゼロ に、に に に ゼロ、ゼロ いち いち よん

2) ななにん　3) さんにん, よにん

4) さんびゃく よんじゅう　5) いちまん さんぜん

6) ひとつ, ふたつ　7) いっぽん, いっこ

8) さんがい

2. 1) ふたり、じゅうにん、ぜんぶで じゅうににんです

제 4 과

052

1. 숫자 + 時

뜻 : ~시

용법 : 시간을 나타내는 단위이다.

2. 숫자 + 分

뜻 : ~분

용법 : 분을 나타내는 단위이다.

—

053

1. 조사 を

뜻 : ~을/를

용법 : 목적어임을 나타낸다.

—

054

1. 조사 から

뜻 : ~부터

용법 : 장소, 시간, 범위, 순서 등의 기점(시작점)을 나타낸다.

2. 조사 まで

뜻 : ~까지

용법 : 장소, 시간, 범위, 순서 등의 종점(끝나는 점)을 나타낸다.

—

055

1. 조사 へ

뜻 : ~에, ~(으)로

용법 : 동작이나 작용이 이루어지는 방향이나 장소를 나타낸다.

—

057

1. 1) げつようびに　2) どようび, します

3) よじ じゅっぷん　4) しちじ じゅうごふん

5) くじ はん(=くじ さんじゅっぷん)

6) かようびから もくようびまで、へ いきます

7) きんようびの ごぜん じゅうじから ごご よじまでです

8) あさ しちじに おきます

제 5 과

060

1. 1그룹 동사

특징 :

1) 사전형이 る로 끝나면서 る앞의 글자가 あ단, う단, お단의 글자이다.

2) 사전형이 る로 끝나지 않는다.

2. 2그룹 동사

특징 : 사전형이 る로 끝나면서 앞의 글자가 い단, え단의 글자이다.

3. 3그룹 동사

특징 : する(Nする)와 来る가 있다.

—

062

1. ます / ません

뜻 : ~합니다/하지 않습니다

용법 : 동사에 접속하여 그 동사가 이루어짐 / 이루어지지 않음을 공손하게 나타낸다.

2. ましょう

뜻 : ~합시다

용법 : 동사에 접속해 상대방에게 같이 하자고 권유하는 공손한 표현이다.

—

063

1. 명사(대상) + に 会う

뜻 : ~을/를 만나다

용법 : 대상을 만난다는 뜻을 나타낸다. ～を 会う가 아니므로 주의가 필요하다.

2. 명사(교통수단) + に 乗る

뜻 : ~을/를 타다

용법 : 교통수단이나 놀이기구 등을 탄다는 표현으로, ～を 乗る가 아니므로 주의가 필요하다.

—

065

1. 1) 買い 2) 書き 3) 遊び 4) 見 5) 来(き)

2. 1) に, 乗り 2) 切り 3) に, に, 会い 4) に, 乗り 5) デートし

제 6 과

068

1. 숫자 + 月

뜻 : ~월

용법 : 달을 세는 단위이다. 4, 7, 9월은 읽는 방법에 주의해야 한다.

—

069

1. 숫자 + 日

뜻 : ~일

용법 : 날짜를 나타내는 단위이다. 읽는 방법이 복잡하므로 특히 주의해야 한다.

—

070

1. ました

뜻 : ~했습니다

용법 : 동사에 접속하여 과거를 나타내는 공손한 표현이다.

2. ませんでした

뜻 : ~(하)지 않았습니다

용법 : 동사에 접속하여 과거부정을 나타내는 공손한 표현이다.

—

071

1. 명사(장소) + で

뜻 : ~(에)서

용법 : 어떤 일이나 동작이 이루어지는 장소를 나타낸다.

2. 명사(수단) + で

뜻 : ~(으)로

용법 : 수단(도구)이나 방법을 나타낸다. 그 밖에 재료를 나타내기도 한다.

—

073

1. 1) 書きました 2) 話しました 3) 起きました
4) 見ました 5) 旅行しました

2. 1) で, に, 乗り
2) で, 切り
3) Q : で, 帰りました / A : で, 帰りませんでし, で, 帰りまし
4) Q : で, 休みました / A : 休みませんでした, しまし

제 7 과

077

1. い형용사 + 명사

뜻 : ~인/한 명사

활용 : 사전형 그 자체로 뒤에 오는 명사를 수식한다.

—

078

1. い형용사의 부정형

뜻 : ~지 않습니다

활용 : 사전형의 어미 い를 く로 바꾼 후 ありません을 접속한다.

—

079

1. い형용사의 과거형

뜻 : ~았/었습니다

활용 : 사전형의 어미 い를 かっ으로 바꾼 후 たです를 접속한다.

2. い형용사의 과거부정형

뜻 : ~지 않았/었습니다

활용 : 사전형의 어미 い를 く로 바꾼 후 ありませんでした를 접속한다.

—

081

1. 1) おもしろいです 2) おもしろくありません
3) よくありません 4) 安くありませんでした, 高かったです

2. 1) おいしいです 2) 辛くありません
3) よくありません
4) おもしろい 授業です
5) 長かったです 6) 難しくありませんでした

제 8 과

085

1. な형용사 + 명사

뜻 : ~인/한 명사

활용 : 사전형에 な를 접속한 후 명사를 수식한다

2. 명사Aより 명사Bの方が

뜻 : A보다 B쪽이/B가

용법 : 두 가지를 비교할 때 사용하는 표현으로, より 앞의 A 보다 뒤에 나오는 B가 정도가 더하다는 뜻을 나타낸다.

—

086

1. な형용사의 부정형

뜻 : ~지 않습니다

활용 : 사전형에 じゃありません을 접속한다.

2. な형용사의 과거형

뜻 : ~했습니다

활용 : 사전형에 でした를 접속한다.

3. な형용사의 과거부정형

뜻 : ~지 않았습니다

활용 : 사전형에 じゃありませんでした를 접속한다.

—

087

1. ~が 好き(だ) / 嫌い(だ)

뜻 : ~을 좋아하다/싫어하다

용법 : 기호를 나타내는 표현이다. ~が 好き(だ) / 嫌い(だ)처럼 조사는 주로 が를 사용한다.

2. ~が 上手(だ) / 下手(だ)

뜻 : ~을 잘한다/못한다, ~이 능숙하다/서툴다

용법 : 능력의 정도를 나타내는 표현이다. ~が 上手(だ) / 下手(だ)처럼 조사는 が를 사용한다.

—

089

1. 1) 便利です　2) きれいじゃありません
3) 上手でした, 下手です　4) 親切な

2. 1) B：大丈夫ですか / A：大丈夫です
2) 日本語が 上手です　3) 料理が 好きです
4) より, の方が 速いです

제 9 과

092

1. い형용사 + 형용사

뜻 : ~고 ~

활용 : い형용사와 다른 형용사를 연결할 때, 앞의 い형용사의 어미 い를 く로 바꾸고 て를 접속한다

2. な형용사 + 형용사

뜻 : ~고 ~

활용 : な형용사와 다른 형용사를 연결할 때, 앞의 형용사의 사전형에 で를 접속한다

—

093

1. 명사1 + で, 명사2です

뜻 : ~(이)고, ~입니다

용법 : で를 사용하여 두 개의 명사문을 하나의 문장으로 만든다.

—

094

1. い형용사 + く なる

뜻 : ~게 되다, ~해지다

활용 : 사전형의 어미 い를 く로 바꾸고 なる를 접속하여 변화를 나타낸다.

2. な형용사 + に なる

뜻 : ~게 되다, ~해지다

활용 : 사전형에 に를 접속하고 なる를 접속하여 변화를 나타낸다.

—

095

1. 접속의 조사 が

뜻 : ~(이)지만, ~(인/는)데

활용 : 앞의 문장 뒤에 が를 접속하고 뒷문장을 쓴다.

—

097

1. 1) 安くておいしい　2) 便利で楽
3) やさしくて元気　4) にぎやかで高い
5) 彼は 日本語の 先生で、彼女は 英語の 先生です

2. 1) よくて 親切です　2) 長くなりました
3) 便利になりました　4) 難しいですが、おもしろいです
5) 食べましたが、今は 食べません

제 10 과

101

1. 동사 ます형 + ながら

뜻 : ~하면서

용법 : 두 가지 동작이 동시에 진행되는 것을 나타내는 표현이다.

—

102

1. 동사 ます형 + たいです

뜻 : ~하고 싶습니다

용법 : 희망을 나타내는 표현이다.

2. 동사 ます형 + たく ありません

뜻 : ~하고 싶지 않습니다

용법 : 희망하지 않음을 나타내는 표현이다.

—

103

1. 동사 ます형 + に 行きます/来ます

뜻 : ~하러 갑니다/옵니다

용법 : 주로 行く・来る・帰る등의 동사와 함께 사용하여 목적을 나타낸다.

—

105

1. 1) 田中：見 / 金：歩き
2) Q：し / A：行き　3) Q：買い / 買いたく

2. 1) 笑いながら 話しました　2) 待ちたくありません
3) 上手になりたいです　4) 買いに 行きます

제 11 과

108

1. 명사 + が ほしい

뜻 : ~을/를 갖고 싶다, ~이/가 있었으면 좋겠다

용법 : 어떤 물건을 갖고 싶다는 바람을 나타내는 표현으로 바라는 대상은 조사 が로 나타낸다. 또한 제3자의 경우에는 ほしがる를 사용한다

2. 명사 + を ください

뜻 : ~을/를 주세요

용법 : 요구사항을 나타낸다. 종종 목적어를 나타내는 조사 'を'가 생략된 형태로 사용되기도 한다

—

109

1. 1그룹 동사의 て형

특징 :

1) 사전형의 어미가 う、つ、る로 끝나는 경우에 う、つ、る를 っ

로 바꾸고 て를 접속한다.

2) 사전형의 어미가 ぬ、む、ぶ로 끝나는 경우에 ぬ、む、ぶ를 ん으로 바꾸고 で를 접속한다.

3) 사전형의 어미가 く로 끝나는 경우에 く를 い로 바꾸고 て를, ぐ로 끝나는 경우에는 ぐ를 い로 바꾸고 で를 각각 접속한다.

4) 사전형의 어미가 す로 끝나는 경우에 す를 し로 바꾸고 て를 접속한다.

2. 2그룹 동사의 て형

특징 : 사전형의 어미 る를 생략하고 て를 접속한다.

3. 3그룹 동사의 て형

특징 : する→して（Nする→Nして）、来(く)る→来(き)て

111

1. 동사 て형 + ください

뜻 : ~해 주세요

용법 : 의뢰할 때에 사용하는 표현이다.

113

1. 1) 書いて　2) 会って　3) 持って　4) 乗って
5) 休んで　6) 遊んで　7) 急いで　8) 話して
9) 食べて　10) して　11) 来て

2. 1) タブレットPCが ほしいです
2) 時間が ほしいです
3) ここで 待って ください
4) 日本語で 話して ください
5) 私と いっしょに 行って ください

제1과

あなた 당신
あに(兄) 오빠, 형
あね(姉) 언니, 누나
あの 저
あぷり(アプリ) 앱
あめりか(アメリカ) 미국
あれ 저것
いいえ 아니요
いぬ(犬) 개
いもうと(妹) 여동생
いらっしゃいませ 어서 오세요
おかし(お菓子) 과자
おとうと(弟) 남동생
おねがいします(お願いします) 부탁합니다
がくせい(学生) 학생
かさ 우산
かのじょ(彼女) 그녀, 여자친구
かれ(彼) 그, 남자친구
かんこく(韓国) 한국
きーほるだー(キーホルダー) 키홀더, 열쇠 고리
げーむ(ゲーム) 게임
げた(下駄) 나막신
けんだま(けん玉) 켄다마(장난감의 일종)
この 이
これ 이것
さん ~씨
じてんしゃ(自転車) 자전거
じゃ 자, 그러면
すまほ(スマホ) 스마트폰
せんす(扇子) 부채
せんせい(先生) 선생님
そうる(ソウル) 서울
その 그
それ 그것
だいがく(大学) 대학교
だるま 달마, 달마대사, 오뚝이
だれ(誰) 누구
だんご(団子) 경단
ちち(父) 아빠
ちゅうごく(中国) 중국
ちゅうもん(注文) 주문
ちわわ(チワワ) 치와와
てんいん(店員) 점원
とうきょう(東京) 도쿄
どうぞ 아무쪼록, 부디, 어서
どうも 감사합니다
どの 어느
ともだち(友だち) 친구
どれ 어느 것
なん(何) 무엇
にほん(日本) 일본
にほんご(日本語) 일본어
の ~의, ~의 것
はい 네
はじめて(初めて) 처음
はは(母) 엄마
ひと(人) 사람
ふうりん(風鈴) 풍경
ぷれぜんと(プレゼント) 선물
ほん(本) 책
みせ(店) 가게
ゆかた(浴衣) 유카타
わたし(私) 나, 저

제2과

あいだ(間) 사이
あさくさ(浅草) 아사쿠사
あさくさえき(浅草駅) 아사쿠사역
あそこ 저곳, 저기
ある 있다
うえ(上) 위
うしろ(後ろ) 뒤
えき(駅) 역
おとこのひと(男の人) 남자
おみやげ(お土産) 기념품
おんなのひと(女の人) 여자
がっこう(学校) 학교
かふぇ(カフェ) 카페
かみなりもん(雷門) 카미나리몽, 센소지의 정문
き(木) 나무
きょうしつ(教室) 교실
ぎんこう(銀行) 은행
くすりや(薬屋) 약국
けしごむ(消しゴム) 지우개
こうえん(公園) 공원
ここ 이곳, 여기
こんびに(コンビニ) 편의점
さいふ 지갑
さかな(魚) 생선, 물고기
した(下) 아래
しまうま 얼룩말
じょせい(女性) 여성
じんりきしゃ 인력거
すみません 미안합니다
せんそうじ(浅草寺) 센소지(아사쿠사에 있는 사찰)
せんべい 센베
そこ 그곳, 거기
そばや(そば屋) 메밀국수 가게
だんごや(団子屋) 경단 가게
だんせい(男性) 남성
ちかてつ(地下鉄) 지하철
つくえ(机) 책상
てーぶる(テーブル) 테이블
とけい(時計) 시계
どこ 어느곳, 어디
なか(中) 안, 속
なに(何) 무엇
ねこ(猫) 고양이
ばすてい(バス停) 버스정류장
ひだり(左) 왼쪽
びる(ビル) 건물, 빌딩
べんち(ベンチ) 벤치
ほんとう(本当) 정말, 진짜
まえ(前) 앞
みぎ(右) 오른쪽
めがね 안경
よこ(横) 옆
らいおん(ライオン) 사자

제3과

ありがとうございます 고맙습니다
いくつ 몇 개
いち(一) 1
いつつ(五つ) 다섯 개
うりば(売り場) 매장
おきゃくさん(お客さん) 손님
きゃんでぃ(キャンディ) 사탕
きゅう(九) 9
く(九) 9
くつ 신발, 구두
けいたい(ケイタイ) 핸드폰, 휴대전화
ご(五) 5
ここのつ(九つ) 아홉 개
さいず(サイズ) 사이즈
さら 접시
さん(三) 3
し(四) 4
しち(七) 7
しゃーぺん(シャーペン) 샤프
じゅう(十) 10
しゅうせいてーぷ(修正テープ) 수정테이프
しんちょう(身長) 키, 신장
ぜろ(ゼロ) 0
せん(千) 1,000
ぜんぶで(全部で) 전부 다 해서
それから 그리고
でんわばんごう(電話番号) 전화번호
とお(十) 열 개
なな(七) 7
ななつ(七つ) 일곱 개
なんがい(何階) 몇 층
なんこ(何個) 몇 개
なんさい(何才) 몇 살
なんせんち(何センチ) 몇 센티미터
なんだい(何台) 몇 대
なんにん(何人) 몇 명
なんねんせい(何年生) 몇 학년
なんばん(何番) 몇 번
なんぼん(何本) 몇 그루, 몇 자루
なんまい(何枚) 몇 장
に(二) 2
にほんごがっか(日本語学科) 일본어학과
はち(八) 8
ばんごう(番号) 번호
ひとつ(一つ) 한 개
ひとり(一人) 한 명
ひゃく(百) 100
ふぁいる(ファイル) 파일
ふたつ(二つ) 두 개
ふたり(二人) 두 명
ぶんぼうぐ(文房具) 문구
ほんや(本屋) 서점
まん(万) 10,000
みかん 귤
みっつ(三つ) 세 개
みにとまと(ミニトマト) 방울토마토
むっつ(六つ) 여섯 개
やっつ(八つ) 여덟 개
よっつ(四つ) 네 개

よん(四) 4
りんご 사과
ろく(六) 6

제 4 과

あさ(朝) 아침
いい 좋다
いえ(家) 집
いく(行く) 가다
いちにち(一日) 하루
いっしょに 같이, 함께
いま(今) 지금
うんどう(運動) 운동
おきる(起きる) 일어나다
かえる(帰る) 돌아가다, 돌아오다
かようび(火曜日) 화요일
きょう(今日) 오늘
きんようび(金曜日) 금요일
くる(来る) 오다
げつようび(月曜日) 월요일
ごご(午後) 오후
ごぜん(午前) 오전
しょくじ(食事) 식사
すいようび(水曜日) 수요일
する 하다
たべる(食べる) 먹다
でーと(デート) 데이트
どようび(土曜日) 토요일
なんじ(何時) 몇 시
なんぷん(何分) 몇 분
なんようび(何曜日) 무슨 요일
にちようび(日曜日) 일요일
ねる(寝る) 자다
のみかい(飲み会) 회식
ばいと(バイト) 아르바이트
ひる(昼) 낮
ぷさん(プサン) 부산
べんきょう(勉強) 공부
もくようび(木曜日) 목요일
よる(夜) 밤

제 5 과

あう(会う) 만나다
あした(明日) 내일
あそぶ(遊ぶ) 놀다
いや 싫다
えいが(映画) 영화
おさけ(お酒) 술
おにぎり 주먹밥
かう(買う) 사다
かく(書く) 쓰다
かたかな(カタカナ) 가타카나
かみのけ(髪の毛) 머리카락
きる(切る) 자르다, 썰다
じぇっとこーすたー(ジェットコースター) 롤러코스터
しゃしん(写真) 사진
じゅんばん(順番) 차례, 순번
しる(知る) 알다
すきー(スキー) 스키
すけーと(スケート) 스케이트
すこし(少し) 조금
すべりだい(すべり台) 미끄럼틀
たくしー(タクシー) 택시
ちきん(チキン) 치킨
どらいぶ(ドライブ) 드라이브
どらま(ドラマ) 드라마
とる(撮る) 찍다
のる(乗る) 타다
はしる(走る) 달리다
ばす(バス) 버스
はなす(話す) 이야기하다
まつ(待つ) 기다리다
みる(見る) 보다
めりーごーらんど(メリーゴーランド) 회전목마
もつ(持つ) 들다
やすむ(休む) 쉬다
よてい(予定) 예정
らーめん(ラーメン) 라면
れんきゅう(連休) 연휴
わたあめ 솜사탕
わたしたち(私たち) 우리

제 6 과

いつ 언제
うまれ(生まれ) 탄생, 출생
おぼん(お盆) 오봉(일본의 명절)
がくしょく(学食) 학생식당
かれーらいす(カレーライス) 카레라이스
きのう(昨日) 어제
きょねん(去年) 작년
くりすます(クリスマス) 크리스마스
けさ(今朝) 오늘 아침
こいびと(恋人) 애인
こどものひ(こどもの日) 어린이 날
こんげつ(今月) 이번 달
こんさーと(コンサート) 콘서트
こんしゅう(今週) 이번 주
こんや(今夜) 오늘 밤
じゅぎょう(授業) 수업
すかーと(スカート) 스커트, 치마
すし 초밥
すてーき(ステーキ) 스테이크
せんげつ(先月) 지난달
せんしゅう(先週) 지난주
そつぎょうしき(卒業式) 졸업식
たんじょうび(誕生日) 생일
て(手) 손
てがみ(手紙) 편지
でも 하지만
ないふ(ナイフ) 나이프
なんがつ(何月) 몇 월
なんにち(何日) 며칠
のむ(飲む) 마시다
はじめまして 처음 뵙겠습니다
びーる(ビール) 맥주
ひこうき(飛行機) 비행기
びじゅつかん(美術館) 미술관
ふぉーく(フォーク) 포크
まいあさ(毎朝) 매일 아침
まいしゅう(毎週) 매주
まいにち(毎日) 매일
ゆうべ(夕べ) 어젯밤
らいげつ(来月) 다음 달
らいしゅう(来週) 다음 주
りょこうする(旅行する) 여행하다

제 7 과

あいすくりーむ(アイスクリーム) 아이스크림
あかるい(明るい) 밝다
あし(足) 발, 다리
あたらしい(新しい) 새롭다
あつい(暑い) 덥다
あまり 그다지
いそがしい(忙しい) 바쁘다
いちばん 가장, 제일
えいがかん(映画館) 영화관
おいしい 맛있다
おおい(多い) 많다
おおきい(大きい) 크다
おそい(遅い) 느리다, 늦다
おもしろい 재미있다
からい(辛い) 맵다
からだ(体) 몸
くらい(暗い) 어둡다
けーき(ケーキ) 케이크
ごうこん(合コン) 미팅
こーひー(コーヒー) 커피
こわい(怖い) 무섭다
さむい(寒い) 춥다
しけん(試験) 시험
しごと(仕事) 일
しゅるい(種類) 종류
すくない(少ない) 적다
せ(背) 키, 신장
せいかく(性格) 성격
せいせき(成績) 성적
ぜんぜん(全然) 전혀
たかい(高い) 높다, 비싸다
たのしい(楽しい) 즐겁다
ちいさい(小さい) 작다
ちかい(近い) 가깝다
ちけっと(チケット) 티켓, 표
つめたい(冷たい) 차갑다
てんき(天気) 날씨
とおい(遠い) 멀다
とても 매우
ながい(長い) 길다
にゅーす(ニュース) 뉴스
ばなな(バナナ) 바나나
はやい(速い) 빠르다
ばんぐみ(番組) 방송 프로그램
ひ(日) 날씨
ひくい(低い) 낮다
ぽっぷこーん(ポップコーン) 팝콘
みじかい(短い) 짧다
むかし(昔) 옛날
むずかしい(難しい) 어렵다
め(目) 눈
やさしい 쉽다, 상냥하다
やすい(安い) 싸다

りょうり(料理) 요리, 음식
わるい(悪い) 나쁘다

제 8 과

いたい(痛い) 아프다
うそ 거짓말
うた(歌) 노래
え(絵) 그림
おんがく(音楽) 음악
かいもの(買い物) 쇼핑
きらい(嫌い) 싫어하다
きれい 깨끗하다, 예쁘다
くうき(空気) 공기
げんき(元気) 씩씩하다, 건강하다
こうつう(交通) 교통
しずか(静か) 조용하다
しぶや(渋谷) 시부야
じみ(地味) 수수하다
じょうず(上手) 잘하다
しんせつ(親切) 친절하다
すき(好き) 좋아하다
すぽーつ(スポーツ) 스포츠, 운동
だいありー(ダイアリー) 다이어리
だいじょうぶ(大丈夫) 괜찮다
だいすき(大好き) 매우 좋아하다
たいへん(大変) 매우
だけ 뿐, 만
だめ 안 된다
だんす(ダンス) 댄스, 춤
ところ 곳, 장소
なっとう(納豆) 낫또
にぎやか 번화하다
はで(派手) 화려하다
はらじゅく(原宿) 하라쥬쿠
はんさむ(ハンサム) 잘생겼다
ぴあの(ピアノ) 피아노
ひま(暇) 한가하다
ふしんせつ(不親切) 불친절하다
ふべん(不便) 불편하다
ぶらんど(ブランド) 브랜드
へた(下手) 못하다
へや(部屋) 방
べんり(便利) 편리하다
ほう(方) 쪽, 편
やきゅう(野球) 야구
ゆうめい(有名) 유명하다
るーず(ルーズ) 느슨하다
ろまんちっく(ロマンチック) 로맨틱하다

제 9 과

あたま(頭) 머리
あやしい 수상하다
いぎりす(イギリス) 영국
いたりあ(イタリア) 이탈리아
えいご(英語) 영어
かい(回) ~번, 회
かいわ(会話) 회화
からこん(カラコン) 컬러렌트
かるい(軽い) 가볍다
かんこくじん(韓国人) 한국인
かんじ(漢字) 한자
きゅうに(急に) 갑자기
このごろ(この頃) 요즘
さいきん(最近) 최근
さいご(最後) 마지막
さいしょ(最初) 처음
さしみ(刺身) 회
さらだ(サラダ) 샐러드
さんどいっち(サンドイッチ) 샌드위치
すいす(スイス) 스위스
せき(席) 자리
それで 그래서
だいえっと(ダイエット) 다이어트
ちゅう(中) ~중
つぎ(次) 다음
てすと(テスト) 테스트
てん(点) 점
どいつ(ドイツ) 독일
なつ(夏) 여름
にほんじん(日本人) 일본인
ねむい(眠い) 졸리다
のーとぶっく(ノートブック) 노트북
ふゆ(冬) 겨울
ふらんす(フランス) 프랑스
め(目) ~째
やすみ(休み) 방학, 휴가
よーろっぱ(ヨーロッパ) 유럽
よく 자주, 잘
らく(楽) 편하다
りゅうがく(留学) 유학
りょこう(旅行) 여행

제 10 과

あき(秋) 가을
あるき(歩き) 걷기, 걸음
あるく(歩く) 걷다
いそぐ(急ぐ) 서두르다
いみ(意味) 뜻, 의미
うなぎ 장어
がっき(楽器) 악기
かんこくご(韓国語) 한국어
きく(聞く) 듣다
くり(栗) 밤
こと 것
ごはん(ご飯) 밥
さくら(桜) 벚꽃
しぬ(死ぬ) 죽다
しゅうまつ(週末) 주말
しょうらい(将来) 장래, 미래
すてき 근사하다
そうじ(掃除) 청소
ちょっと 조금
てれび(テレビ) TV
とっぽっき(トッポッキ) 떡볶이
どんな 어떤
なく(泣く) 울다
ならう(習う) 배우다
にんき(人気) 인기
はなし(話) 이야기
はる(春) 봄
ひろう(拾う) 줍다
ふぁんたじー(ファンタジー) 판타지
べんきょうする(勉強する) 공부하다
ほらー(ホラー) 호러, 공포 장르
みず(水) 물
めーる(メール) 메일
もの 것
りゅうがくする(留学する) 유학하다
わらう(笑う) 웃다

제 11 과

あい(愛) 사랑
あける(開ける) 열다, 펼치다
おかね(お金) 돈
おしえる(教える) 가르치다
きょうかしょ(教科書) 교과서
くるま(車) 차, 자동차
こたえる(答える) 답하다
さっさと 빨리빨리
しお(塩) 소금
じかん(時間) 시간
しゅくだい(宿題) 숙제
じょうだん(冗談) 농담
すわる(座る) 앉다
そふぁー(ソファー) 소파
だす(出す) 제출하다, 꺼내다
たぶれっとPC(タブレットPC) 태블릿 PC
とる(取る) 집다
はやく(早く) 빨리
ふた 뚜껑
ぼく(僕) (남자의 자칭) 나, 저
まかせる(任せる) 맡기다
みなさん(皆さん) 여러분
れぽーと(レポート) 리포트
わかる(分かる) 알다

제 12 과

あにめ(アニメ) 애니메이션
かに(蟹) 게
しゅみ(趣味) 취미
せかい(世界) 세계
たくさん 많이
たべもの(食べ物) 음식

일본어 한대 — 초급부터 한대

한양대학교 일본어교재편찬위원회 편

펴낸날 2017년 2월 28일 초판 1쇄 ● 2024년 3월 28일 초판 6쇄

펴낸이 이기정 ● **펴낸곳** 한양대학교출판부 ● **출판등록** 제4-7호(1972.2.29)

주소 서울 성동구 왕십리로 222 ● **전화** 02.2220.1432-4 ● **팩스** 02.2220.1435

홈페이지 press.hanyang.ac.kr ● **이메일** presshy@hanyang.ac.kr

일러스트 김나윤 ● **디자인** 안광일 ● **인쇄** 네오프린텍

값 18,000원

ISBN 978.89.7218.534.5 (93730)